C.H.BECK ■ WISSEN
in der Beck'schen Reihe

Dieses Buch bietet erstmals einen kurzgefaßten Überblick über die vielfältige Geschichte der Niederlande von der burgundischen Zeit im 15. Jahrhundert bis zur Gegenwart. Im Mittelpunkt der Darstellung stehen Politik, Wirtschaft, Gesellschaft und Kultur und dabei vor allem solche Phänomene, die die Einzigartigkeit der Niederlande in der europäischen Geschichte ausmachen: die republikanisch-demokratische Tradition, die soziale Sicherheit, die religiöse Toleranz und die einmalige Entfaltung flämischer und holländischer Malerei.

Michael North ist Professor für Allgemeine Geschichte der Neuzeit an der Ernst-Moritz-Arndt-Universität Greifswald. Er hat zahlreiche Veröffentlichungen zur europäischen Wirtschafts-, Sozial- und Kulturgeschichte vorgelegt, darunter „Kunst und Kommerz im Goldenen Zeitalter" (2. Aufl. 2001) und bei C. H. Beck „Das Geld und seine Geschichte" (1994).

Michael North

GESCHICHTE DER NIEDERLANDE

Verlag C.H.Beck

Mit 4 Tabellen und 3 Karten

Die erste Auflage dieses Buches erschien 1997.

Für Christopher

2., durchgesehene und aktualisierte Auflage. 2003

Originalausgabe
© Verlag C. H. Beck oHG, München 1997
Gesamtherstellung: Druckerei C. H. Beck, Nördlingen
Umschlagentwurf: Uwe Göbel, München
Printed in Germany
ISBN 3 406 41878 3

www.beck.de

Inhalt

I. Einleitung 7

II. Die Burgundischen Niederlande 9
   1. Staat und Städtelandschaft................. 9
   2. Textilien und Frachtfahrt als Motoren
      der Wirtschaft........................ 13
   3. Hofkultur und Stadtkultur an der Schwelle
      der Neuzeit........................... 15
   4. Von den Burgundern zu den Habsburgern 18

III. Der Aufstand der Niederlande................ 22
   1. Die Grundlagen der wirtschaftlichen Expansion . 22
   2. Humanismus und Reformation 25
   3. Der Kampf gegen die spanische Herrschaft 28

IV. Das Goldene Zeitalter der Niederlande 37
   1. Innere Gestalt und äußere Politik............ 37
   2. Drehscheibe der Weltwirtschaft 43
   3. Gesellschaft und Konfession................ 53
   4. Die Blütezeit der niederländischen Malerei 59

V. Der Niedergang der niederländischen Republik
   im 18. Jahrhundert........................ 66
   1. Im Schlepptau der Großmächte 66
   2. Stagnation oder Niedergang der Wirtschaft? 71
   3. Arbeitslosigkeit und sozialer Wandel 77

VI. Das Königreich der Niederlande 80
   1. Struktureller Wandel...................... 80
   2. Von der Handelsnation zum Industriestaat 87
   3. Koloniale Welt in Niederländisch-Indien....... 89

VII. Die Niederlande in Europa 94
    1. Die Entstehung der parlamentarischen Demokratie 94
    2. Die Weltwirtschaftskrise 97
    3. Die deutsche Besatzung 100
    4. Dekolonisation 106
    5. Politischer und ökonomischer Wiederaufbau 108
    6. Protest und Krisenüberwindung 112

Schlußbetrachtung: Modell Niederlande? 117

Nachwort 119

Literaturverzeichnis 120

Zeittafel 125

Register 127

> Das Genie dieser Nation, durch den Geist
> des Handels und den Verkehr mit so vielen Völkern
> entwickelt, glänzte in nützlichen Erfindungen;
> im Schoße des Überflusses und der Freiheit
> reiften alle edleren Künste.
> *(Friedrich Schiller, Geschichte des Abfalls
> der Vereinigten Niederlande, 1788)*

I. Einleitung

Niederlande oder *Lage Landen* bedeutete im Mittelalter nichts anderes als die Niederungen im Mündungsgebiet der großen Flüsse Rhein, Maas und Schelde. In diesem von Marsch und Geest geprägten Raum entstanden früh selbständige Territorien: Flandern, Brabant, Artois, Hennegau, Namur, Limburg, Holland, Seeland, Geldern und die Bistümer Lüttich und Utrecht. Wesentlich für die Geschichte dieser Territorien war ihre staatliche Vereinigung durch die Herzöge von Burgund im 14. und 15. Jahrhundert. Denn seit dieser Zeit bürgerte sich in den europäischen Kanzleien für die burgundischen Erwerbungen die Bezeichnung *Païs d'embas* oder *Nyderlande* ein.

Nachdem die Habsburger das burgundische Erbe angetreten hatten, bezeichneten *Nederlanden* und *'t Nederlan(d)t* im 16. Jahrhundert die von den Habsburgern regierten Territorien an der Nordsee. Durch den Aufstand der Niederlande gegen die spanischen Habsburger trennte sich der Norden vom Süden und bildete fortan einen unabhängigen Staat, die Republik der Vereinigten Niederlande, während der Süden bei den spanischen und später bei den österreichischen Stammlanden der Habsburger verblieb. Das Territorium der niederländischen Republik ist weitgehend mit dem heutigen Königreich der Niederlande identisch.

Im Mittelpunkt des vorliegenden Buches steht die Geschichte der niederländischen Republik und des Königreichs der Niederlande bis heute. Ich beginne die Darstellung mit der territorialen Vereinigung in der burgundischen Periode im 14./15. Jahrhundert und schenke ebenso der Emanzipation des Nordens vom Reich der spanischen Habsburger im 16. Jahrhundert größere Aufmerksamkeit.

Es mag vermessen erscheinen, die Geschichte eines Landes auf 130 Seiten darstellen zu wollen – und die in den letzten Jahren entstandenen Handbücher, von denen keines einen Umfang von weniger als 700 Seiten hat, mögen dieses Urteil bestätigen. Dennoch eröffnet die „Beschränkung auf das Wesentliche" zwei noch nicht genutzte Möglichkeiten: zum einen, dem Leser eine bisher fehlende kurzgefaßte Geschichte der Niederlande an die Hand zu geben, und zum anderen, besondere inhaltliche Schwerpunkte zu setzen. So werden in der folgenden Darstellung die Phänomene, Strukturen und Perioden der niederländischen Geschichte besonders gewürdigt, die die Einzigartigkeit der Niederlande in der europäischen Geschichte ausmachen: Burgundische Stadt- und Hofkultur (15. Jahrhundert); Religion und Revolte (16. Jahrhundert); Kunst und Kommerz im Goldenen Zeitalter (17. Jahrhundert); Republikanische und revolutionäre Traditionen (18. Jahrhundert); Restauration und Monarchie (19. Jahrhundert); Soziale Sicherheit und politische Stabilität (20. Jahrhundert).

II. Die Burgundischen Niederlande

Das 15. Jahrhundert gilt als die burgundische Periode in der niederländischen Geschichte. Mit diesem Namen verbindet sich nicht nur die Integration der niederländischen Territorien in den entstehenden Burgundischen Staat, sondern auch eine einmalige Blüte der höfischen und der städtischen Kultur, die als „Herbst des Mittelalters" (Huizinga) in die Kulturgeschichte eingegangen ist.

1. Staat und Städtelandschaft

Das konstituierende Ereignis des Burgundischen Staates war die Heirat der Margarete von Male (1384–1405) mit Herzog Philipp dem Kühnen von Burgund (1363–1404) im Jahre 1369. Margarete, die Tochter Ludwigs von Male, Graf von Flandern, erbte bei dessen Tod (1384) Flandern (einschließlich Wallonisch Flandern mit Lille, Douai und Orchies), Artois, Rethel, Nevers, die Freigrafschaft Burgund (Franche-Comté) sowie die Städte Antwerpen und Mechelen, die mit dem Besitz ihres Mannes, dem Herzogtum Burgund, verbunden wurden. In der Folgezeit konnten Holland, Seeland und Hennegau (1428), Namur (1429) und schließlich Brabant und Limburg (1430) erworben werden. Mit der Einverleibung von Mâcon, Auxerre, der Picardie (1435) und des Herzogtums Luxemburg (1451) entstand ein mächtiger Staat, dessen südlichen Teil die Bourgogne und dessen nördlichen Teil die Niederlande bildeten.

Jedoch mußte die innere Vereinigung der einzelnen Territorien zu einem Staatswesen erst noch vollzogen werden. Dies war das Werk Herzog Philipps des Guten (1419–67). Eine seiner wichtigsten Aufgaben war die Zentralisierung des Finanzwesens und der Justiz. Zur besseren Ausschöpfung der herzoglichen Einkünfte baute er die Rechenkammern aus bzw. ordnete deren Zuständigkeiten neu. Gleichzeitig wurde aus dem herzoglichen Hofrat unter dem Namen „Großer Rat"

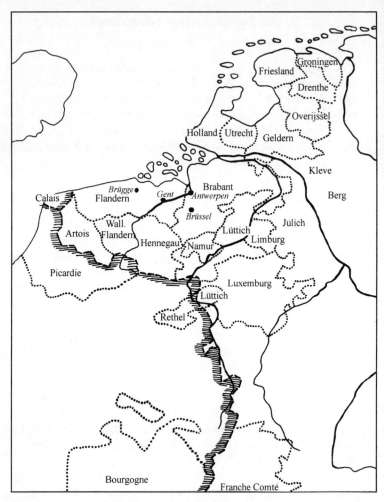

Die Burgundischen Niederlande

eine Sektion als oberste Gerichtsinstanz etabliert. Dem Widerstand der Stände gegen diese Zentralisierungspolitik (Steuerboykott) begegnete der Herzog, indem er regelmäßig eine Gesamtvertretung seiner niederländischen Territorien zusammenrief, die später (ab 1478) „Generalstände" genannt wurde. Auch wenn so die institutionelle Integration vorangetrieben wurde, lagen der politische wie der ökonomische Schwerpunkt der Burgundischen Niederlande noch immer im Süden des Landes, in Flandern und Brabant. Die Hof- und Verwaltungssprache war Französisch, und der 1430 von Philipp dem Guten ins Leben gerufene Orden vom Golden Vlies vereinigte nahezu ausschließlich Adlige aus den südlichen Provinzen.

Ausschlaggebend für die politische und wirtschaftliche Bedeutung des niederländischen Südens war die einmalige flämische und Brabanter Städtelandschaft. Bereits im 14. Jahrhundert hatten die flämischen Großstädte Gent und Brügge mit 64 000 bzw. 46 000 Einwohnern alle anderen Städte Westeuropas im 14. Jahrhundert – Paris ausgenommen – überragt. Obgleich die Einwohnerzahlen im Laufe des 15. Jahrhunderts zurückgingen, wiesen Flandern und Brabant noch immer die größten Städte und die meisten Einwohner sämtlicher Provinzen auf. Um 1500 hatten Gent und Antwerpen mehr als 40 000 Einwohner, Brügge und Brüssel über 30 000, während die vier führenden holländischen Städte Leiden, Amsterdam, Haarlem und Delft jeweils nicht mehr als 15 000 Einwohner zählten und beispielsweise von Leuven oder s'-Hertogenbosch übertroffen wurden.

Aber Holland holte im 15. Jahrhundert zunehmend auf. Bei einer Gesamteinwohnerzahl der Niederlande von 2,476 Mio. Menschen nahm Holland bereits hinter Flandern und Brabant die dritte Stelle ein. Hinsichtlich der Bevölkerungsdichte lag es mit 63 Einwohnern pro km² nur wenig hinter Flandern (72 E./km²) und übertraf dieses sogar im Anteil der städtischen Bevölkerung – ein Indiz für die wachsende Bedeutung der zahlreichen kleinen holländischen Städte. Dennoch blieben internationaler Handel, Gewerbeaktivität, finanzielle Ressourcen und politischer Einfluß im Süden, und dort in verhältnis-

Tabelle 1: Die Bevölkerung der Niederlande ca. 1470

Region	Städtische Bevölkerung in %	Ländliche Bevölkerung in %	Einwohner gesamt	Anteil an der Gesamtbevölkerung der Niederlande in %
Artois	20	80	176 000	7,1
Boulonnais	12	88	31 000	1,3
Brabant	29	71	399 000	16,2
Flandern	33	67	705 000	28,6
Geldern	41	59	133 000	5,4
Hennegau	28	72	202 000	8,2
Holland	44	56	254 000	10,3
Limburg	6	94	16 500	0,7
Lüttich	26	74	135 500	5,5
Luxemburg	12	88	138 000	5,6
Namur	26	74	17 500	0,7
Picardie	19	81	184 000	7,5
Seeland	?	?	85 000	3,4
Gesamt	**32**	**68**	**2 476 500**	**100,5**

Quelle: Blockmans/Prevenier, De Bourgondiërs

mäßig großen Zentren (Gent, Brügge, Antwerpen, Brüssel) konzentriert. Entsprechend setzten die großen flämischen Städte der Integration in den burgundischen Staat den stärksten Widerstand entgegen. Sie konnten ebenso wie die Brabanter Städte auf eine „große Tradition der Revolte" (Blockmans) zurückblicken, die im 14. Jahrhundert eingesetzt hatte und die mit dem Aufstand der Niederlande in der zweiten Hälfte des 16. Jahrhunderts ihren vorläufigen Höhepunkt erreichen sollte. In dem Maße, wie der Burgundische Staat bisher von den Städten wahrgenommene juristische und fiskalische Kompetenzen an sich zog, wuchs die Opposition der städtischen Führungsschichten. So führten Eingriffe des herzoglichen Vogtes *(baljuw)* in das städtische Gerichtswesen zum Brügger Aufstand (1436–38), der mit der Abstrafung Brügges endete. Die Stadt verlor nicht nur die Kontrolle über ihren Vorhafen Sluis, sondern mußte auch eine Bußzahlung von 480 000 Pfund aufbringen. 1447 versuchte Philipp der Gute, eine Steuer auf den Salzverbrauch einzuführen, scheiterte aber am Widerstand Gents und anderer flämischer Städte. Der Konflikt mit Gent war vorprogrammiert, und der Herzog ließ ihn bewußt eskalieren. Eingriffe in die städtische Autonomie, z.B. bei der Wahl der Schöffen, provozierten einen Streik der Handwerker. Nachdem verschiedene Vermittlungsversuche an der Unnachgiebigkeit des Herzogs gescheitert waren, blockierte dieser die Stadt und besiegte das Genter Aufgebot 1453 bei Gavere. Die Bestrafung verlief nach Brügger Muster: 480 000 Pfund waren aufzubringen. Damit hatte der Herzog an den größten Städten ein Exempel statuiert, ohne aber die städtische Macht auf Dauer zu brechen.

2. Textilien und Frachtfahrt als Motoren der Wirtschaft

Die bedeutendsten Handelszentren der Niederlande waren Brügge und Antwerpen. Brügge hatte sich bereits im 14. Jahrhundert zur Drehscheibe des Handels zwischen Süd-, West- und Osteuropa entwickelt. Hier wurden Tuche aus Flandern und Brabant, Leder aus Südeuropa, Pelze und Wachs aus dem Osten sowie Gewürze (Safran, Muskat, Pfeffer, Ingwer, Zimt, Anis, Zucker) aus dem Mittelmeerraum und Asien gehandelt. Mit Privilegien versehene Genuesen, Florentiner, Venezianer, Lucceser, Katalanen, Kastilier und Portugiesen ließen sich ebenso wie Engländer und Hansekaufleute in Brügge nieder und machten die Stadt zum bedeutendsten Handelszentrum Nordwesteuropas im Spätmittelalter.

In der zweiten Hälfte des 15. Jahrhunderts avancierte dann die Brabanter Messestadt Antwerpen zum europäischen Handelszentrum. Bereits zu Anfang dieses Jahrhunderts entwickelten sich die je zweimal jährlich in Antwerpen und Bergen op Zoom stattfindenden Brabanter Messen zu Hauptumschlagplätzen für englische Tuche. Diese wurden z.B. von den englischen *Merchant Adventurers* als Halbfertigprodukt nach Brabant eingeführt, dort gefärbt und appretiert und als Fertigprodukt sowohl von Hansekaufleuten als auch von Oberdeutschen erworben. Die oberdeutsche Nachfrage nach Tuchen wie der niederländische Bedarf an Silber zogen den expandierenden Handel der Nürnberger und Augsburger Kaufleute mit Silber, Kupfer und Barchent an die Schelde. Hier trafen diese nicht nur auf die Engländer, sondern auch auf die Portugiesen mit ihrem Asienhandel und ihrem aus Afrika stammenden Gold und Elfenbein; die Portugiesen wiederum waren für ihren Austausch mit Afrika und Indien auf oberdeutsche Metallwaren sowie auf Kupfer und Silber angewiesen. So begründeten englisches Tuch, oberdeutsche Metalle und portugiesische Gewürze Antwerpens Aufstieg zum „europäischen Weltmarkt" im 16. Jahrhundert.

Die englischen Importe preiswerter Wolltuche schädigten die auf hochwertige Tuche spezialisierte flämische Tuchindustrie, die sich mit Einfuhrverboten und Produktionsdifferenzierung dagegen zur Wehr setzte. Besser stellten sich die Mechelener und die holländischen Tuchgewerbe um, die sich auf leichteres Wolltuch, die sogenannten *nieuwe draperies,* verlegten und diese über die Messen auch international absetzten. Für den wirtschaftlichen Aufschwung Hollands im 15. Jahrhundert waren aber nicht allein die Tuchproduktion verantwortlich, sondern auch die Bierbrauerei und vor allem Fischfang und Frachtfahrt. Eine wichtige Voraussetzung für die Expansion der holländischen Wirtschaft im 15. Jahrhundert waren die naturräumlichen Gegebenheiten. Da der Getreideanbau aufgrund der mäßigen Böden und der hohen Entwässerungskosten nicht rentabel sein konnte, intensivierte man auf der Suche nach alternativen Formen des Lebensunterhaltes die traditionellen Nebenaktivitäten wie Fischfang und Schiffahrt. Weil der kontinuierliche Getreideimport mit einem Güterangebot bezahlt werden mußte, boten die Holländer im Austausch gegen Getreide eigene Produkte an. So gewannen sie allmählich Marktanteile für Bier, Tuch und Nordseehering, die im übrigen billigere Nachahmungen oder Varianten der flämischen und hansischen Markenartikel darstellten. Daneben waren es vor allem Schiffe und Frachtdienstleistungen, die den Holländern und Seeländern den Zugang zum Ostseeraum öffneten, wo Schiffsraum knapp war. In dem Maße, wie der Getreideexport nach Westen zunahm, wuchs die Nachfrage nach holländischem und seeländischem Schiffsraum. Es entstand eine Konkurrenzsituation zwischen den wendischen Hansestädten wie Lübeck, Wismar, Rostock, Stralsund und Greifswald, die ihre Position im Zwischenhandel und im Warentransport auf der Ost-West-Route bedroht sahen. Jedoch gelang es Lübeck weder mit friedlichen noch mit militärischen Mitteln, den holländischen Zugang zur Ostsee zu beschränken. Im Gegenteil, die preußischen Hansestädte Danzig, Elbing, Thorn und Königsberg waren für ihren Handel weitgehend auf holländischen Frachtraum angewiesen. So wurde 1475/76 bereits ein Viertel des Danziger Schiffsverkehrs von niederländischen Schiffen bestritten. Noch transportierten hansische Schiffe den größten Teil des Ost-West-Frachtverkehrs, aber die Holländer bauten ihren Anteil kontinuierlich aus.

3. Hofkultur und Stadtkultur an der Schwelle der Neuzeit

Die Kultur der Burgundischen Niederlande stellt eine bis heute einzigartige Symbiose von höfischen und städtischen Elementen dar, in der französische Adelskultur und niederländische Bürgerkultur aufeinandertrafen (Petri). Es entstand eine eigenständige niederländische Kultur, die vom 15. bis zum 17. Jahrhundert Nordwesteuropa prägte.

Der Charakter dieser Kultur ist nirgendwo besser bewahrt als in der flämischen Malerei. Als Zentren der künstlerischen Produktion heben sich Tournai, Brügge, Leuven und Antwerpen heraus. Tournai dominierte in der ersten Hälfte des 15. Jahrhunderts. Hier lernte Rogier van der Weyden (ca. 1399–1464), um dann in Brüssel bei Robert Campin (ca. 1378–1444) zu reüssieren. Daneben ragte Brügge mit den Brüdern Hubert (ca. 1370–1426) und Jan van Eyck (ca. 1390–1441) heraus. Petrus Christus († 1475/76) setzte deren Werk als Porträtist fort. In der zweiten Jahrhunderthälfte und zu Beginn des 16. Jahrhunderts blühte die Brügger Malerei durch Hans Memling (1430–94) und Gerard David (ca. 1460–1523) auf. In Brabant sind das Leuvener Atelier von Dirk Bouts (ca. 1420–75) und seinen Söhnen sowie die Antwerpener Quentin Metsys (1465–1530) und Joachim Patinir (ca. 1480–1524) zu nennen.

Ein genauer Blick nach Brügge, in das bedeutendste Kunstzentrum nördlich der Alpen, verdeutlicht die außerordentlichen Bedingungen künstlerischer Kreativität in Flandern, die auf einer ständig zunehmenden Nachfrage nach künstlerischen Erzeugnissen basierte. Käufer und Auftraggeber waren der Burgundische Hof, die einheimische Kaufmannselite, die Kolonien ausländischer Kaufleute sowie eine außergewöhnlich breite wohlhabende Mittelschicht. Während man die Rolle des Hofes nicht überschätzen darf – die Herzöge waren nur selten in Brügge –, kamen die meisten Aufträge von den lokalen Eliten und den verschiedenen religiösen Bruderschaften, in denen sich unterschiedliche soziale Gruppen trafen. So stehen bei den rekonstruierbaren Auftraggebern Hans Memlings die ausländischen Kaufleute, insbesondere die Italiener, vor Brügger Bürgern und Bruderschaften an der Spitze. Kunst war einerseits ein Exportgut und diente andererseits den in Brügge ansässigen einheimischen und ausländischen Kaufleuten, aber auch den lokalen Handwerkereliten, die in Bruderschaften organisiert waren, zur gesellschaftlichen Repräsentation. Man bevorzugte neue Formen der Selbstdarstellung wie das Kaufmannsporträt, das die Tradition der älteren religiösen Topoi ablöste oder Porträt und religiöses Motiv miteinander verband. Die räumliche und soziale Enge stimulierte die schnelle Verbreitung neuer Ideen und damit die Konkurrenz auf dem Gebiet der künstlerischen Produktion und der sozialen Repräsentation. Die vorhandene künstlerische Kreativität zog dann wieder Talente aus der Umgebung an, um die die verschiedenen Kunstzentren miteinander rivalisierten.

Ähnliche Bedingungen wie für die Malerei trafen auch für die übrigen Bereiche der flämischen Kunst zu. Handschriften, Bildhauer- und Schnitzerei, Tapisserien sowie Musik und Gesangskunst erfreuten sich einer lebhaften Nachfrage im

Ausland wie in den Burgundischen Niederlanden selbst. Zwei dieser Gattungen werden bis heute unmittelbar mit der Burgundischen Hofkultur verbunden: die illuminierten Handschriften und die Tapisserien. Dabei führte fürstliches Mäzenatentum die Miniaturmalerei zu solch hoher künstlerischer Verfeinerung, wie wir sie aus dem Stundenbuch des Herzogs von Berry, den *Très riches heures* der Brüder von Limburg, kennen. Diese arbeiteten zunächst noch in Frankreich, denn erst Herzog Philipp der Gute förderte die Entstehung einer eigenen flämischen Buchmalerschule.

Die Teppichweberei blühte in Brüssel, Tournai und Arras. Auftraggeber war der Hof, der beispielsweise die Stiftung des Ordens vom Goldenen Vlies mit einer Teppichserie über die Argonautensage in der Öffentlichkeit bekannt machte. Auch die Städte ließen für die Herzöge Tapisserien herstellen, so z.B. Brügge die großartige Serie von zwölf Teppichen über den Trojanischen Krieg (1472–76), deren Preis dem Jahreslohn von 120 gelernten Arbeitern entsprach. Mit der fürstlichen Repräsentation standen auch Bildhauerei und Bildschnitzerei in enger Verbindung. Noch zu Lebzeiten Herzog Philipps des Kühnen erhielten die flämischen Künstler Jacob de Baerze und Klaas Sluter († 1405/06) die Aufgabe (später von Klaas van der Werve [ca. 1380–1439] vollendet), das Mausoleum des Herzogs und seiner Frau Margarete von Male im Kartäuserkloster Champmol nahe Dijon auszustatten: Der Herzog und die Herzogin sind allgegenwärtig verewigt, sowohl liegend auf ihren Sarkophagen als auch am Kirchenportal kniend vor Maria mit dem Kinde. Eine ähnliche Verbindung zwischen Religion und burgundischer Dynastie stellte Karl der Kühne her, als er der St. Lamberts-Kathedrale zu Lüttich ein Reliquiar verehrte, das den Herzog mit dem Schrein in der Hand kniend vor dem Heiligen Georg zeigt.

Neben der bildenden Kunst entwickelte sich allein in der Musik ein eigener „flämischer" Stil. Dieser ist unmittelbar mit dem Hennegauer Guillaume Dufay (1400–74) verbunden, der nach Zwischenstationen in Rom, Genf und Paris in Cambrai, einem Zentrum der Kirchenmusik, wirkte. Dufay verband italienische und französische Elemente zu einem eigenständigen Kompositionsstil. Als Errungenschaften sind zu nennen: die Vierstimmigkeit, die Ausdehnung der Messe und die proportionale Gliederung der einzelnen Meßteile zueinander unter Verwendung geistlicher und weltlicher *cantus firmi* sowie der Aufschwung der Motetten, die jetzt überwiegend geistlichen Inhalts waren und sich durch eine enge Beziehung zwischen Wort und Ton auszeichneten. In der zweiten Hälfte des Jahrhunderts baute dann der lange Zeit am Pariser Hof wirkende Flame Johannes Ockeghem (ca. 1425–95) den Meßstil weiter aus, wogegen die Motetten in den Schatten traten. Insgesamt ist festzustellen, daß die Südniederländer von der zweiten Hälfte des 15. Jahrhunderts an sowohl die neuen Formen der Musik schufen als auch die begehrtesten Ausführenden dieser Musik stellten, d. h. die Aufführungspraxis der Musik maßgeblich bestimmten. Unzählige Berichte über Kapellmeister, die für Auftraggeber in die Niederlande reisten, um Sänger anzuwerben, zeugen von Musikerbörsen in Brügge und Antwerpen, auf der man Bässe, Tenöre, Alte sowie Sängerknaben einkaufte, denn es waren *„guete Singer im Niderland am pesten zu bekemmen"*. Die große Nachfrage in Europa nach niederländischen Musikern aus den flämischen wie den wallonischen Niederlanden erklärt sich durch deren gediegene Berufsausbildung. Die Choralmeister und Gesangslehrer großer Schulen in Cambrai oder Antwerpen müssen ausgezeichnete Pädagogen gewesen sein. Zur Ausbildung gehörte neben dem Diskantieren und der Komposition auch die weltliche Musik. Entsprechend konnte auch König Maximilian I. 1498 bei der Einrichtung der Wiener Hofkapelle das „Brabantisch Diskantieren" von seinen Sängern fordern.

4. Von den Burgundern zu den Habsburgern

Karl der Kühne (1467–77), der Sohn und Nachfolger Philipps des Guten, wollte den Traum seines Vaters von einem unabhängigen Königreich Burgund zwischen Frankreich und dem Heiligen Römischen Reich in die Tat umsetzen. Sein persönliches Handlungsmotiv war der Ritter-Gedanke, durch große und glänzende Taten den Alten gleichzukommen. Von Kindheit an hatte er sich die Heldentaten Lancelots vorlesen lassen; später galt seine Vorliebe der Antike und insbesondere den Eroberern Alexander, Hannibal und Cäsar. Viele Zeitgenossen haben in diesem bewußten Nachleben der antiken Helden die Triebfeder seiner Aktivitäten, vor allem seiner zahlreichen Kriege, gesehen. Karl betrieb eine antifranzösische Politik, wozu auch seine Heirat mit Margarete von York (1468), der Schwester des englischen Königs, zählte. Die Eroberung Lothringens, eines Reichslehens, eröffnete eine Verbindung zwischen Karls burgundischen und niederländischen Territorien. Dennoch scheiterte Karl außenpolitisch auf der ganzen Linie. Nach der vergeblichen Belagerung von Neuß (1474/75) und den schweren Niederlagen gegen die Schweizer Kantone bei Grandson und Murten (1476) fiel er 1477 bei dem Versuch der Wiedereroberung der lothringischen Hauptstadt Nancy. Durch den Verlust Lothringens und durch die französische Besetzung der Bourgogne und der Picardie verlagerte sich der Schwerpunkt des Burgundischen Reiches in die Niederlande. Nutznießer der Katastrophe Karls war neben Frankreich sein Schwiegersohn Maximilian von Habsburg, dem es gelang, das Burgundische Erbe gegen Frankreich zu behaupten.

Durch die Heirat des Kaisersohnes und späteren Kaisers Maximilian (1508–19) mit der Herzogstochter Maria von Burgund (1477–82) und deren frühen Tod bei einem Jagdunfall kamen die Niederlande an die Habsburger Dynastie, die in den südlichen Niederlanden bis 1794 regieren sollte. Weitere dynastische Zufälle ließen aus der burgundisch-habsburgischen Verbindung das Habsburgische Weltreich entstehen.

Grundlage hierfür war die 1495 von Maximilian arrangierte Heirat seiner Kinder Philipp des Schönen und Margarete mit den Kindern der katholischen Könige Isabella von Kastilien (1474–1504) und Ferdinand von Aragon (1479–1516). Philipp heiratete Johanna (die Wahnsinnige, 1504–15), Margarete den Infanten Juan. Da der Thronfolger Juan fünf Monate nach

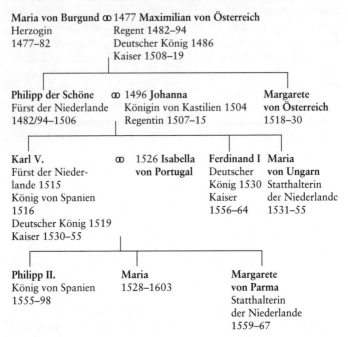

Die Dynastien von Burgund und Habsburg in den Niederlanden

seiner Hochzeit und auch seine nach Portugal verheiratete Schwester Isabella innerhalb des folgenden Jahres starben, erbte Johanna das Spanische Reich mit seinen überseeischen Besitzungen. Ihr Sohn Karl trat 1515 das niederländische Erbe seines Vaters Philipp des Schönen (1482/94–1506) und im darauffolgenden Jahr aufgrund der Regierungsunfähigkeit seiner Mutter die spanische Herrschaft an. 1519 wurde er als Nachfolger seines Großvaters Maximilian zum deutschen König gewählt und 1530 zum Kaiser gekrönt. Für die Niederlande war die Verankerung im entstehenden Habsburgischen Universalreich, in dem die Sonne nicht unterging, zunächst noch von geringer Bedeutung.

Beim Tod Karls des Kühnen zeichnete sich dieser Weg der Integration in das Habsburgische Reich noch nicht ab. Sowohl Maria als auch Maximilian mußten nach dem Tode Karls des Kühnen ihre Herrschaft gegenüber den partikularen Kräften der Provinzen erst einmal festigen. Maria konnte die Opposition der Städte Brügge, Gent, Ypern, Brüssel, Antwerpen, Maastricht, Valenciennes etc. allein durch das „Große Privileg" des Jahres 1477 besänftigen, das den ständischen Vertretern der Provinzen, den von nun an sogenannten „Generalständen", das Recht gab, jederzeit nach Bedarf (auch ohne Einladung durch den Herrscher) zusammenzutreten. Außerdem durften keine Kriege mehr geführt und keine Steuern mehr ohne Zustimmung der Stände erhoben werden.

Maximilian mußte sich sogar nach dem Tode seiner Frau gegen die politische Revolte der Opposition der flämischen und Brabanter Städte behaupten, die seine antifranzösische Außenpolitik ebenso wie seine Innenpolitik bekämpften. Nachdem er zeitweilig von den flämischen Städten in Brügge gefangengehalten worden war, gewann Maximilian – gestützt auf deutsche und Schweizer Söldner – mit zunehmender Dauer des Konflikts militärisch die Oberhand. Die Kapitulation von Gent (1492) setzte der Rebellion ein Ende und eröffnete Maximilian Einwirkungsmöglichkeiten auf die Stadtpolitik (Bildung der Magistrate, Wahl der Zunftmeister). In den noch nicht habsburgisch gewordenen Niederlanden wie Friesland und Geldern schwelte die Opposition jedoch weiter; auch Philipp der Schöne – Maximilian war inzwischen seinem Vater Friedrich III. (1440–93) als Kaiser im Reich nachgefolgt – wurde ihr nicht Herr. Erst der Enkel Karl sollte Tournai (1521), Friesland (1524), Overijssel und Utrecht (1528), Drenthe, Groningen und die Ommelande (1536) sowie Geldern und Zutphen (1543) den Niederlanden einverleiben und damit die 17 Provinzen erstmals und auch nur für kurze Zeit in einem Staatswesen vereinigen.

III. Der Aufstand der Niederlande

Das 16. Jahrhundert gilt als „langes" Jahrhundert in der europäischen und in der niederländischen Geschichte. Viele Entwicklungen, die im 16. Jahrhundert ihren Durchbruch erleben sollten, setzten bereits im späten 15. Jahrhundert ein. Hierzu gehörten der wirtschaftliche Aufschwung Antwerpens zum führenden Handelszentrum ebenso wie die Geistesbewegung des Humanismus und die Zentralisierungsbemühungen der Herrscher. Hinzu kamen typische Phänomene des 16. Jahrhunderts wie die Reformation und die Auseinandersetzungen zwischen Zentralstaat und Provinzen, an deren Ende in den Niederlanden – einzigartig in Europa – eine Republik entstand.

1. Die Grundlagen der wirtschaftlichen Expansion

Die europäische Wirtschaftsgeschichte des 16. Jahrhunderts wurde maßgeblich durch die europäische Expansion nach Übersee bestimmt. Diese war geprägt von der allmählichen Verlagerung des ökonomischen Schwerpunkts vom Mittelmeer an den Atlantik. Über Lissabon gelangten die Waren aus Übersee nach Antwerpen, welches zu einem Zentrum des Welthandels avancierte. Der Aufstieg Antwerpens 1495–1525 basierte wie oben beschrieben auf dem Handel mit portugiesischen Gewürzen, oberdeutschen Metallen und englischem Tuch. Als in der Folgezeit durch das Scheitern des portugiesischen Gewürzmonopols dieser Handel an Gewicht verlor, verlagerte Antwerpen den Schwerpunkt seines Handels nach Spanien, Italien, Frankreich und England. Außerdem verhalf der Export niederländischer Gewerbeerzeugnisse bzw. der Re-export englischer Textilien Antwerpen zu einem erneuten Aufschwung (1540–65). Erst als Antwerpen während des Aufstandes und durch die spanische Belagerung wirtschaftlich immer mehr zurückfiel, profitierten davon mehrere andere europäische Hafenstädte, wobei Amsterdam den größten Teil des Antwerpener Handels erbte. Dort bildeten allerdings die Waren des Ostseeraums (Getreide, Holz, Flachs, Hanf) und des Atlantiks (Fisch, Salz) das Rückgrat des Handels.

Wesentlich für die weitere europäische Wirtschaftsentwicklung waren auch die Antwerpener Innovationen auf dem Gebiet des Kreditwesens wie die Börse und der Handel mit Kreditpapieren (Wechsel, Inhaber-Schuldscheine) mittels Indossament und Diskontierung. Jedoch stellten Handel und Finanz nicht die einzige Säule der niederländischen Wirtschaft dar, die ebenfalls auf Landwirtschaft und Gewerbe basierte. In den Agrarregionen des Südens trugen intensivere Produktionsmethoden (Fruchtwechsel) und eine höhere Beschäftigung in den ländlichen Gewerben (Spinnen und Weben) zum Unterhalt einer wachsenden Bevölkerung bei. Im Norden, insbesondere in den Küstenregionen, boten Eindeichung und Landgewinnung eine Basis für die landwirtschaftliche Spezialisierung auf Milchwirtschaft und Gartenbau. Auch die gewerbliche Entwicklung war vielfältig: Neben dem Auf- und Ausbau einer Luxusgüterfertigung (Seide, Glas, Kristall, Spiegel, Majolica, Tapisserie etc.) nach italienischem Vorbild in Antwerpen finden wir Metallverarbeitung (insbesondere Waffenindustrie) in den wallonischen Städten, während sich Flandern und Limburg auf die Massenproduktion von leichten Tuch- und Leinentextilien konzentrierten. Die holländische Tuchproduktion büßte dagegen ihre Bedeutung für den Export im 16. Jahrhundert ein, so daß hier die Bierbrauerei neben dem Schiffbau zum wichtigsten Gewerbe wurde.

Intensivierung und Innovation in der Landwirtschaft, Spezialisierung in den städtischen Gewerben, eine hohe Beschäftigung in den ländlichen Gewerben und der Ausbau der Dienstleistungssektoren Schiffahrt und Handel ermöglichten den Wohlstand einer wachsenden Bevölkerung. Während überall in Europa die arbeitende Bevölkerung angesichts steigender Preise unter einem Reallohnverfall litt, blieben die Einkommen der Niederländer stabil, vielfach abhängig von Beruf, Region oder der Stadt wuchsen sie sogar. Bevölkerung und Grad der Urbanisierung nahmen weiter zu, so daß 1565

Tabelle 2: Die Bevölkerung der großen niederländischen Städte, 1400–1560

	1400	1500	1560
Flandern, Brabant und Limburg			
Antwerpen		45 000	85 000
Brüssel	25 000	35 000	50 000
Gent		40 000	45 000
Brügge	20 000	30 000	35 000
Mechelen	12 000		30 000
's-Hertogenbosch	9 000	17 000	17 500
Maastricht	7 000	10 000	13 500
Holland			
Amsterdam	3 000	12 000	27 000
Haarlem	7 000	11 500	14 000
Leiden	5 000	14 000	14 000
Delft	6 500	10 500	14 000
Dordrecht	8 000	11 500	10 500
Gouda	3 000	7 000	9 000
Rotterdam	3 000	5 000	8 000
Enkhuizen	2 000	3 500	8 000
Nordöstliche Provinzen			
Utrecht	9 000	15 000	26 000
Groningen	5 000	7 500	12 500
Deventer	10 000	8 000	10 500
Zwolle	10 000	7 000	10 000
Kampen	12 000	10 000	8 000
Nimwegen	6 000	8 000	11 000
Wallonien			
Lille	12 000	20 000	30 000
Lüttich	20 000	20 000	
Tournai		20 000	

Quelle: Israel, S. 114.

in manchen Provinzen (z. B. Brabant und Holland) fast die Hälfte der Bevölkerung in Städten lebte (Tab. 2).

Trotz ihres starken Wachstums konnten es die größten holländischen Städte Utrecht, Leiden, Amsterdam und Dordrecht noch immer nicht mit den flämischen und Brabanter Großstädten (Antwerpen, Brüssel, Gent, Brügge, Mechelen) aufnehmen, aber um 1560 war es nur noch eine Frage der Zeit, bis Amsterdam mit dem florierenden Ostseehandel im Rücken Brügge und Mechelen eingeholt haben würde.

2. Humanismus und Reformation

Die religiösen Reformbewegungen, wie der christliche Humanismus, gingen in ihren Anfängen bis ins 15. Jahrhundert zurück. Als Vorläufer in den Niederlanden kann die Bewegung der *Devotio moderna* angesehen werden. Diese Laienbewegung versuchte, durch Seelsorgetätigkeit, geistliche Lieder und volkstümliche Predigten auch einfache Bevölkerungskreise zu erreichen. Laien orientierten sich an mönchischen Idealen, denen sie in Bruderhäusern der „Brüder vom gemeinsamen Leben" nachlebten. Der Schwerpunkt der Tätigkeit lag inhaltlich auf der Verbreitung von Büchern, Schulen und Lehrern und geographisch in den Ijsselstädten Kampen, Deventer und Zwolle.

Im Zentrum der Bemühungen stand die Entwicklung des einzelnen christlichen Individuums in einer „neuen Innerlichkeit" hin zu Gott, womit man an die mittelalterliche Mystik anknüpfte. Auch wenn die *Devotio moderna* anders als der Humanismus und später die Reformation die herrschende theologische Lehre und die praktizierte religiöse Kultur nicht in Frage stellte, beeinflußte sie doch die Verbreitung des sogenannten christlichen oder biblischen Humanismus in den Niederlanden nachhaltig. Dieser entstand als Symbiose der italienischen wissenschaftlichen humanistischen Methoden und der christlichen spirituellen Ideale, wie sie die *Devotio moderna* propagierte.

Der christliche Humanismus entsproß der Saat, die die Devotio-Bewegung mit ihren Lateinschulen insbesondere in den Ijsselstädten gelegt hatte und verbreitete sich schnell vom äußersten Nordosten der Niederlande über Holland nach Brabant und Flandern. Der herausragende Vertreter dieses christlichen Humanismus war Erasmus von Rotterdam (1469–1536). Erasmus ging es in seinen Bemühungen um eine Regeneration der Moral und der Frömmigkeit der Christen

(Enchiridion milites christiani, 1503) sowie um eine Reform der Institution Kirche *(Encomium moriae,* 1510). Diesen aktuellen Reformbedürfnissen diente die Vielzahl seiner Schriften zur Erschließung der Kirchenväter und der Heiligen Schrift. Erasmus schuf dadurch wesentliche philologische Voraussetzungen für die lutherische Reformation, ohne aber diese in der von ihm gewollten Richtung beeinflussen zu können. Trotz seines Festhaltens an der Papstkirche lasteten die Anhänger der alten Kirche vor allem Erasmus die Reformation an. Dieser habe das Ei gelegt, welches Luther ausgebrütet habe, war ein geflügeltes Wort. 1521 war Erasmus dem politischen und publizistischen Druck der altgläubigen Seite nicht mehr gewachsen; er verließ die Niederlande (Leuven) und zog sich nach Basel zurück. Dennoch wurde er auch jetzt kein Anhänger Luthers, obgleich er ihn gegen dogmatische Kritik in Schutz nahm.

In der Folgezeit entfremdeten sich Erasmus und Luther zunehmend. Zentraler Streitpunkt war die Frage nach dem freien Willen des Menschen. Während Erasmus *(De libero arbitrio,* 1524) wie die Humanisten allgemein ein positives, optimistisches Menschenbild und den freien Willen, dem christlichen Vorbild nachzueifern, postulierte, setzte Luther *(De servo arbitrio,* 1525) den der Sünde verhafteten unfreien Menschen dagegen, der allein durch die Gnade Gottes gerettet werden könne. Trotzdem waren es die Gedanken Luthers, die in den 1520er Jahren auch in den Niederlanden weite Verbreitung fanden. Luthers Schriften wurden von Emden, den Hansestädten, aber auch von Antwerpen aus unter das lesende Volk gebracht. 1525 berichtete Erasmus, daß die Mehrheit der Holländer, Seeländer und Flamen mit den lutherischen Lehren vertraut wäre. Die habsburgischen Behörden versuchten, der sich ausbreitenden reformatorischen Bewegung durch Bücherverbrennungen sowie durch die Einführung der Inquisition Herr zu werden. Erste Opfer waren die Augustinermönche Hendrik Voet und Jan van Etten aus 's-Hertogenbosch, die 1523 auf dem Marktplatz in Brüssel verbrannt und damit zu den ersten protestantischen Märtyrern wurden. Die kaiserliche Repressionspolitik verhinderte, daß sich protestantische Gemeinde- oder gar feste Organisationsstrukturen in den Niederlanden herausbilden konnten. Während sich in Deutschland im Zuge der einsetzenden Konfessionalisierung die lutherischen Fronten gegenüber Altgläubigen und Zwinglianern verhärteten, blieb der Protestantismus in den Niederlanden eine Untergrundreligion, die vielen Einflüssen unterworfen war.

Die nächste reformatorische Welle, die in den 1530er Jahren über die Niederlande hereinbrach, war das Täufertum. Ausgangspunkt der Verbreitung war wiederum Emden, wo Melchior Hoffmann (ca. 1500–43) aus Straßburg eine Täufergemeinde organisiert und seine Prophetie, in naher Zukunft werde das Ende der Zeiten eintreten, verkündet hatte. Das Täufertum erfaßte vor allem den Norden und Nordosten des Landes. Trotz hartnäckiger Verfolgung erhielten seine Anhänger hier durch das Täuferreich in Münster, an dessen Errichtung niederländische Täufer wie Jan Matthijsz und Jan van Leiden in zentraler Position beteiligt waren, großen Zulauf. Nach der Niederschlagung des Täuferregiments in Münster (1534) zerfiel die Bewegung in mehrere Gruppen, aus der sich nach 1540 die friesische Täufergruppe um Menno Simons als die führende und langfristig erfolgreichste Abspaltung herauszukristallisieren begann. Menno Simons (1496–1561), ursprünglich ein katholischer Gemeindepriester, der im verborgenen seinen Protestantismus pflegte, schrieb 1539 in seinem *Fondament-Boeck* die Lehre des später nach ihm benannten mennonitischen Glaubens nieder. Er vertrat eine pazifistische Position und einen einfachen christlichen Lebenswandel – Ideale, die zur Verbreitung der Mennoniten nicht nur in den Niederlanden, sondern auch im Nord- und Ostseeraum beitrugen.

Die unnachgiebige Ketzerverfolgung in den Niederlanden setzte immer wieder Flüchtlingsströme nach England und Deutschland in Gang. In London ebenso wie in Emden, Wesel, Duisburg, Frankfurt oder Frankenthal entstanden niederländische Exulantengemeinden, die mit der Zeit unter zwinglianisch-calvinistischen Einfluß gerieten. In den 1550er Jahren entwickelten sich diese Flüchtlingszentren zu Einfallstoren des

Calvinismus in die Niederlande. Sowohl Frankfurt als auch Emden bildeten die reformierten „Kader" (Pieter Dathenus [1531–88], Herman Moded [† 1603]) aus, die den Calvinismus in den Niederlanden zum Erfolg führen sollten. Dabei wurde das ursprünglich lutherische Emden durch die Einladung des polnischen Reformators Johannes à Lasco (ca. 1500–60) zu einem Zentrum des reformierten Bekenntnisses, das nach der Unterdrückung der verbliebenen Lutheraner und Täufer große Ausstrahlung auf die Niederlande haben sollte. In den Niederlanden eröffnete der Calvinismus den verschiedenen protestantischen Gruppierungen ein gegenüber dem Katholizismus deutlich abgegrenztes Weltanschauungsangebot, dessen Verbreitung 1559 auch gezielt von Genf aus durch Calvin gefördert und gesteuert wurde. In den 1560er Jahren entstanden neben den schon bestehenden Gemeinden in Tournai, Valenciennes, Lille und Antwerpen Untergrundgemeinden (u.a. in Gent, Ostende, Brügge, Brüssel, Mechelen, Breda, Middelburg, Vlissingen) sowie erste Ansätze in Amsterdam, Enkhuizen und Alkmaar. Durch die Schaffung von Organisationsstrukturen, die Vermehrung der calvinistischen Konsistorien (Leitungsgremien aus Pastoren und Kirchenältesten), die Abhaltung geheimer Synoden und die Verbreitung der von Guy de Brès (1522–67) verfaßten *Confessio Belgica* (1561) als verbindlicher Glaubenslehre wurden die Calvinisten zur dominierenden protestantischen Kraft und damit auch zur politischen und konfessionellen Alternative gegenüber den Katholiken und dem katholischen Besatzungsregime der Spanier.

3. Der Kampf gegen die spanische Herrschaft

Die Niederländische Republik war der erste Staat im neuzeitlichen Europa, der seine Existenz und seine Identität einer Revolte verdankte. Paradoxerweise schafften die Niederländer die Monarchie in einer Zeit ab, als überall in Europa der Fürstenstaat auf Kosten der lokalen und regionalen Gewalten an Stärke gewann. Traditionell werden drei verschiedene Hypothesen zur Erklärung des Aufstandes ins Feld geführt.

Die erste Hypothese wurde vor allem von den liberalen Historikern (Robert Fruin, H. Enno van Gelder) seit dem 19. Jahrhundert vertreten und stellt den Kampf um die Freiheit in den Mittelpunkt. Danach war die Befreiung vom spanischen Joch das wesentliche Movens für den Aufstand. Diese Erklärung knüpft unmittelbar an Friedrich Schiller an, der in seiner „Geschichte des Abfalls der Vereinigten Niederlande" schreibt: „Groß und beruhigend ist der Gedanke, daß gegen die trotzigen Anmaßungen der Fürstengewalt endlich noch eine Hülfe vorhanden ist, daß ihre berechnetsten Pläne an der menschlichen Freiheit zuschanden werden, daß ein herzhafter Widerstand auch den gestreckten Arm eines Despoten beugen, heldenmüthige Beharrung seine schrecklichen Hülfsquellen endlich erschöpfen kann."

Die zweite Hypothese betont den religiösen Konflikt als Aufstandsursache. Für die protestantischen Historiker war der niederländische Aufstand der letztlich erfolgreiche Versuch der Calvinisten, die Freiheit der ungehinderten Religionsausübung gegenüber den Katholiken durchzusetzen.

Als dritte Hypothese ist schließlich die soziale Interpretation des Aufstands zu nennen, die erstmals zu Beginn unseres Jahrhunderts geäußert wurde (R. C. Bakhuizen van den Brink). Hierbei wird der Aufstand als soziale Revolution angesehen, in der das aufsteigende Bürgertum ein Feudalregime beseitigte. Noch einen Schritt weiter ging in den 1920er Jahren Henri Pirenne, als er den armen Tucharbeitern im südwestlichen Flandern die zentrale Rolle im Aufstand zuschrieb. Welcher Hypothese die Präferenz gebührt, muß die Analyse der Ausgangslage und des Aufstandsverlaufes zeigen.

Die Zeit am Vorabend des Aufstandes war gekennzeichnet durch den Versuch der Herrschaftsintensivierung von seiten des spanischen Königs Philipp II. (1555–98), der 1555 seinem Vater Karl V. nachgefolgt war, und durch den latenten Widerstand des Adels und der Städte gegen diese Politik. Der Konflikt entzündete sich an verschiedenen Punkten: Ein Anlaß für Kritik war die Hispanisierung des Brüsseler Hofes. Der Hochadel warf Philipp vor, daß dieser sich mit spanischen Beratern und

Juristen umgebe, anstatt auf den Rat des einheimischen Adels zu hören. Zielscheibe der Kritik war der „Ausländer" Antoine Perrenot Granvelle (1517–86), der als Bischof von Arras und Ratgeber Philipps und später der Statthalterin Margarete von Parma (1559–67) die Verwaltung der Niederlande beherrschte und die Kirchenpolitik des Königs durchsetzte.

Ein weiterer Streitpunkt war die Religion. Es gab in den Niederlanden um die Mitte des 16. Jahrhunderts neben der aktiven Gruppe von Calvinisten eine kleine Gruppe von strenggläubigen Katholiken sowie die große Mehrheit aus Kryptoprotestanten oder mit dem Protestantismus sympathisierenden Katholiken. Trotz ihrer noch kleinen Zahl verfolgte die Regierung die calvinistischen Ketzer (wie vorher die anderen protestantischen Strömungen) unnachgiebig. Dazu wurden neben den bestehenden Bistümern neue Bistümer geschaffen, die, ausgestattet mit je zwei Inquisitoren, Jagd auf vermeintliche Ketzer machten. Diese Verfolgung stieß sowohl in den Städten als auch beim Adel auf Widerstand. So waren die meisten Städte nicht bereit, Ketzer zu verfolgen und hinzurichten, weil dadurch die öffentliche Ordnung gestört wurde. Dem Adel erschien angesichts der ersten französischen Toleranzerklärung von 1562 eine Ketzerverfolgung nicht mehr zeitgemäß. Die Ablösung Granvelles wurde verlangt und vom Hochadel, der sich ultimativ von den Staatsämtern zurückzog, auch durchgesetzt, ohne daß die Regierung jedoch ihre harte Linie in der Religionspolitik offiziell aufgab.

Darüber hinaus trug die starke finanzielle Belastung der Niederländer seit den Kriegen Karls V., die zuletzt durch die Auseinandersetzungen Habsburgs mit Frankreich gesteigert worden waren, zu dem Konflikt erheblich bei. Denn die Bevölkerung der Städte wurde mit Verbrauchssteuern auf Wein und Bier, einer Mehrwertsteuer auf Handelsumsätze und vor allem mit Zwangsanleihen zur Kasse gebeten.

Im April 1566 forderte der Adel in einer Petition die endgültige Suspendierung der Ketzerverfolgung und eine neue Regelung der Religionsfrage. Die ausweichende Antwort Margaretes von Parma erweckte bei den Protestanten Zuversicht: Verbannte kehrten zurück; auf freiem Feld wurde öffentlich gepredigt, und im August und September entluden sich die religiösen Spannungen und Aggressionen in einem Bildersturm: In vielen Städten Flanderns und Brabants zerstörten Angehörige der Mittel- und Unterschichten Klöster und Kirchen und „reinigten" diese von katholischen „Überbleibseln". Der katholische Gottesdienst wurde eingestellt. Unter dem Druck der Ereignisse zeigte sich die Landvögtin Margarete kompromißbereit und tolerierte die protestantische Predigt. Als Gegenleistung erhielt sie die Unterstützung des Hochadels, der unter der Führung Wilhelms von Oranien (1559–67, 1572–84) die schlimmsten Auswüchse der antikatholischen Schreckensherrschaft beseitigte.

Den calvinistischen Aufständischen war die gemäßigte Mehrheit, das sogenannte Zentrum, entgegengetreten. Dennoch scheiterte dieser von den Gemäßigten getragene Versuch, einen *modus vivendi* für Katholiken und Protestanten zu schaffen, an Philipp II. Der König schickte den „eisernen" Herzog Alba (1507–82) mit Armee, Blutgericht und verschärfter Inquisition ins Land. Alle Zugeständnisse wurden rückgängig gemacht, nicht nur die Aufständischen, sondern auch Kompromißler wie die Grafen Egmond (1523–68) und Horne (1518–68) verfolgt und hingerichtet. Andere gingen ins Exil; Wilhelm von Oranien zog sich auf seinen Stammsitz nach Dillenburg zurück und nahm von dort den Kampf gegen Spanien auf. Die Rigorosität Albas, die durch Truppeneinquartierungen nahezu jeden Niederländer traf, trieb auch die Gemäßigten in den Aufstand. Manche, wie Wilhelm von Oranien, wurden dadurch erst zu Führern der Revolution. Jedoch gelang es angesichts der militärischen Erfolge der Spanier nur den adlig geführten Freibeutern, den Geusen, in Holland und Seeland einige Städte der spanischen Herrschaft zu entreißen und dauerhaft als Stützpunkte zu behaupten.

Je länger sich der Krieg hinzog, desto stärker gewann wieder das auf Ausgleich bedachte Zentrum an Bedeutung. Die Stände, die Generalstaaten, drängten auf Frieden und setzten diesen 1576 in einer Zeit des Machtvakuums – der Alba-

Nachfolger Don Luís Requesens (1573–76) war gerade gestorben und die Truppen meuterten – auch durch. So kam es zur „Genter Pazifikation" (1576). Nach dieser Vereinbarung sollten die abtrünnigen Provinzen Holland und Seeland in den Verband der 17 niederländischen Provinzen zurückkehren und mit diesen Frieden halten; und alle Parteien sollten gemeinsam die fremden Truppen aus dem Land treiben. Ein Frieden schien in greifbare Nähe gerückt. 1577 rangen die Generalstaaten dem neuen Statthalter Don Juan (1576–78), dem Stiefbruder des Königs, im „Ewigen Edikt" den Abzug der spanischen Truppen ab. Aber nachdem ein Friedensabkommen mit dem türkischen Sultan geschlossen war und die amerikanische Silberflotte genügend Edelmetall für die Kriegsfinanzierung angelandet hatte, nahm Don Juan den Kampf gegen die protestantischen Provinzen wieder auf. Durch die erneute militärische Präsenz entfremdete er sich das Zentrum, so daß die Generalstaaten ihn zum Landesfeind erklärten. Der fällige Waffengang endete mit der Niederlage der Generalstaaten bei Gembloux (1578) und leitete endgültig die Spaltung der 17 Provinzen ein. Die von dem Zentrum der Gemäßigten repräsentierte Idee der Landeseinheit war gescheitert. Im Januar 1579 vereinigten sich die wallonischen Provinzen (Hennegau, Artois, Wallonisch Flandern, Luxemburg und Limburg) zur Union von Arras und schlossen einen Sonderfrieden mit Philipp. Fast gleichzeitig unterzeichneten Vertreter von Holland, Seeland, Utrecht, Geldern, Groningen und der Stadt Gent den Unionsvertrag von Utrecht und setzten zwei Jahre später den spanischen König als Landesherrn ab. Damit war die Spaltung des Landes eingeleitet, zumal einem letzten Vermittlungsversuch des Kaisers kein Erfolg beschieden war. Die Zukunft für den Norden wie für den Süden schien vorgezeichnet. Umstritten war nur, welchen Weg die Kernprovinzen Flandern und Brabant beschreiten sollten.

Hier hatten in den Städten Gent, Brügge, Ypern, Antwerpen und Brüssel calvinistische Zünfte das Regiment übernommen und die Ausübung des katholischen Bekenntnisses verboten. Bis 1585 wurden diese Städte aber von spanischen

Truppen unter Alessandro Farnese (1578-92, dem Sohn Margaretes von Parma) erobert und damit die künftigen Grenzen zwischen den nördlichen und südlichen Niederlanden gebildet. In den folgenden Jahrzehnten wurden die Territorien konsolidiert, aber trotz einiger Gebietsgewinne des Nordens im 17. Jahrhundert (Generalitätslande) nicht mehr grundsätzlich in Frage gestellt. Versuche des Oranierhauses, Antwerpen zurückzugewinnen, schlugen fehl, weil die Provinz Holland, insbesondere Amsterdam, daran kein Interesse hatte und die Unterstützung versagte. So blieb der Status quo seit dem Ende des 16. Jahrhunderts unangetastet, obgleich er erst 1648 mit dem Frieden von Münster völkerrechtlich sanktioniert wurde.

Welche Erkenntnisse ergeben sich hieraus für die Erklärung des niederländischen Aufstandes? Überblickt man den Verlauf des Aufstandes insgesamt, dann handelte es sich um eine Vielzahl von Aufstandsbewegungen, die von der Adelseinung über den Protest der städtischen Honoratiorenschicht und der Zünfte bis zu Unruhen der unterbürgerlichen Schichten reichten. Nahezu alle gesellschaftlichen Gruppen waren auf die eine oder andere Weise – in von Provinz zu Provinz unterschiedlichem Ausmaß – am Aufstand beteiligt.

Die Hypothese einer sozialen Revolution verkürzt daher den Tatbestand. Außerdem ist zu beachten, daß es sich bei den Niederlanden um die am weitesten entwickelte Region des frühneuzeitlichen Europa handelte. Hier war nicht nur der Lebensstandard aller Schichten vergleichsweise hoch, sondern der wirtschaftliche Aufschwung hatte auch den Aufstieg einer städtischen Mittelklasse gefördert. Es kämpfte also nicht so sehr eine verarmte Unterschicht, sondern eine städtische Mittelschicht, die sich gegen den Verlust des erreichten Lebensstandards (durch Krieg und Besteuerung) zur Wehr setzte. In einer solchen Situation fiel das Gedankengut des Calvinismus auf fruchtbaren Boden. Als der Konflikt eskalierte, waren die extremen religiösen Kräfte auf der „Linken", d.h. die Calvinisten, und der „Rechten", d.h. die tridentinischen Katholiken, stärker als das auf Ausgleich bedachte Zentrum. Es ging nur noch um Calvinismus oder Katholizismus, zumal der Landesherr keinerlei Kompromißbereitschaft zeigte und das Zentrum im Stich ließ. So war es nur konsequent, daß sich die Südprovinzen für den spanischen Staat, die Nordprovinzen für Separation und Revolution entschieden. Von diesen waren allein Holland und Seeland protestantisch, die anderen in der Union von Utrecht vereinigten Provinzen aber katholisch.

Die stärkste Aussagekraft besitzt noch die Hypothese, die den Aufstand als Kampf um die Freiheit interpretiert, aber nur, wenn man den Aufstand nicht – wie die Historiker des 19. Jahrhunderts – als Kampf der holländischen Nation gegen Spanien deutet, sondern als Verteidigung der alten ständischen Freiheiten oder Privilegien gegen den aufsteigenden Fürstenstaat mit seiner Zentralisierung von Staatsgewalt und Administration. Die Konfliktfelder waren je nach Stand unterschiedlich.

Der Hochadel, der im „Staatsrat" den Statthalter beriet, sah seinen Einfluß schwinden. Denn er wurde von der politischen Macht durch zwei weitere Gremien, den „Geheimen Rat" und den „Finanzrat", zunehmend ferngehalten. Der „Geheime Rat" traf Entscheidungen auf dem Gebiet der Gesetzgebung, der Verwaltung und Justiz. Seine Mitglieder, allesamt Juristen, waren nicht mehr dem Land, sondern nur noch dem Landesherrn und dem Staatsapparat verpflichtet. Die Forderungen des Hochadels nach größerer Mitsprache bzw. nach Reform des Staatsrates verhallten ungehört. In seinen angestammten Vorrechten ebenfalls bedroht sah sich der niedere Adel in den Provinzen. Hatten die lokalen Führungseliten die Ämter bisher unter sich verteilt, so wurde ihre Stellung sowohl vom Landesherrn durch eingesetzte Amtsträger als auch durch die landesherrlichen Justizhöfe in den Provinzen, die immer mehr Aufgaben übernahmen, ausgehöhlt.

Die niederländischen Städte befanden sich gleichfalls in einem Spannungsverhältnis zum Landesherrn. Bereits Karl V. hatte in den 1530er und 40er Jahren den politischen Einfluß der Zünfte beseitigt und die Magistrate unmittelbar ernannt. Außerdem hatte der Kaiser den Widerstand Gents gegen diesen Eingriff in die städtische Autonomie sowie gegen die dem

Land zur Kriegsfinanzierung aufgebürdeten hohen Steuern 1540 mit Gewalt gebrochen. Der Verlust aller Privilegien und die Beschneidung der städtischen Macht waren die Folgen. 1566 im Bildersturm standen daher die vom Landesherrn eingesetzten Ratsgremien größtenteils hinter der Regierung, während die Zünfte in den Brabanter und flämischen Städten für die Wiederherstellung der mittelalterlichen Stadtverfassung und des Einflusses der Zünfte kämpften und dies auch für ein knappes Jahrzehnt (bis 1584) erreichten. Damit kam aber nicht der Handwerkerstand an die Macht, sondern eine wohlhabende Honoratiorenschicht, die aus reichen Handwerkern, Kaufleuten und Unternehmern bestand. Bei dem Aufstand handelte es sich daher in erster Linie um einen Konflikt zwischen den Amtsträgern des Fürstenstaates und den Amtsträgern aus eigener Machtvollkommenheit.

Dieser Konflikt verschärfte sich durch den religiösen Gegensatz und schlug so von der oberen politisch-gesellschaftlichen Ebene auf die untere Ebene durch. Bemerkenswert ist auch, daß es in den Niederlanden nicht wie im Deutschen Reich oder in Frankreich durch den Augsburger Religionsfrieden bzw. das Edikt von Nantes zum Kompromiß zwischen Herrscher, Ständen und Konfessionen kam. Verantwortlich hierfür waren in besonderem Maße die führenden Personen im Konflikt, Philipp II. und Wilhelm von Oranien. Philipp II. konnte aus Überzeugung keinen Frieden mit den Ketzern schließen. Er regierte 43 Jahre lang, so daß seine Überzeugung ein Faktor im Aufstand wurde. Selbst wenn seine Statthalter unter Druck immer wieder Zugeständnisse machten und Kompromisse eingingen, wurden diese von Philipp, sobald er an der Mittelmeerfront im Kampf gegen die Türken wieder Ruhe hatte, zunichte gemacht. Auf der protestantischen Seite führte die harte Linie Philipps dazu, daß Wilhelm von Oranien nach anfänglicher Kompromißbereitschaft den zwischen den Statthaltern und dem Zentrum ausgehandelten Garantien der Religionsausübung mißtraute. An einen Frieden mit Spanien und an einen Verbleib Hollands und Seelands im Reich Philipps war daher spätestens nach dem Scheitern der Genter Pazifikation nicht mehr zu denken.

Aber auch 1579 stand der Weg zur Regierungsform der Republik noch nicht fest. Nach der Absetzung Philipps boten die Generalstaaten der nördlichen Provinzen nacheinander dem Herzog von Anjou, Wilhelm von Oranien und schließlich der Königin von England die Herrschaft an. Aber keiner wollte unter den gestellten Bedingungen regieren. Entsprechend mußten die Stände, notgedrungen selbst auf Provinz- wie auf Landesebene die Regierungsverantwortung übernehmen. So entstand aus dem Kampf gegen den Fürstenstaat eine Republik der Provinzen, deren Träger die regionalen Eliten, insbesondere das städtische Großbürgertum und in geringerem Maße der Adel waren. Fortan wurden alle Fragen von Belang zwischen den Vertretern der Provinzen ausgehandelt. Die alten fürstlichen Zentralorgane wurden abgeschafft, neue nur im Ausnahmefall gegründet. Wenn dies der Fall war, wurden die Zentralorgane bewußt schwach gehalten, um die Macht der regionalen und lokalen Gewalten nicht zu beeinträchtigen. So entstand aus einem Konflikt „kleiner Ursachen als große Folge" (Woltjer) die republikanische Verfassung, die die niederländische Geschichte in den folgenden zwei Jahrhunderten prägen sollte.

IV. Das Goldene Zeitalter der Niederlande

Das 17. Jahrhundert war das Goldene Zeitalter der Niederlande. Aus dem achtzigjährigen Unabhängigkeitskrieg gegen Spanien gingen die Niederlande als führende Weltmacht und Handelsnation hervor. Im europäischen Mächtesystem kam es zu einschneidenden Veränderungen. Das ökonomische und politische Zentrum der modernen Welt verlagerte sich endgültig an Nordsee und Atlantik. Vor diesem Hintergrund vollzog sich zunächst in der Provinz Holland und allmählich auch im ganzen Land ein Wandel in Wirtschaft, Gesellschaft und Kunst, der nirgendwo deutlicher wahrzunehmen ist als in der niederländischen Malerei des 17. Jahrhunderts.

1. Innere Gestalt und äußere Politik

Im 17. Jahrhundert wurden die Grenzen der Republik der Vereinigten Niederlande endgültig fixiert und im Westfälischen Frieden 1648 auch völkerrechtlich anerkannt. Die Republik mit ihrer aristokratisch-bürgerlichen Regierung und föderalen Struktur ging einen anderen Weg als die absolutistisch regierten südlichen Niederlande, die zuerst zu Spanien, später zu Österreich gehörten. Die Republik behielt die Regierungsform bei, die sie durch den Aufstand erworben hatte. Sie war ein Staatenbund ohne Monarch und erschien im 17. Jahrhundert altmodisch im Vergleich zu der wachsenden Macht absolutistischer Staaten. Dennoch funktionierte der Staatenbund der Republik gut und war in den europäischen Konflikten dieser Zeit den konkreten Anforderungen an Staat und Regierung gewachsen.

Da die Souveränität bei den Provinzen lag, waren die „Generalstände" oder „Generalstaaten", d.h. die Versammlung der von den einzelnen Provinzen entsandten ständischen Vertreter, das wichtigste Gesamtstaatsorgan. Die Generalstaaten wurden häufig mit der niederländischen Republik identifiziert, so daß man die Begriffe Generalstaaten und Republik

Die Niederlande im 17. Jahrhundert

oft synonym gebraucht. Den Generalstaaten oblagen nicht nur die auswärtige Politik, d.h. sie bestimmten über Krieg und Frieden, sondern auch die Aufsicht über die Handelsgesellschaften sowie die Ein- und Ausfuhrzölle. Als Verwaltungsorgan der Generalstände diente der „Staatsrat" *(Raad van State)*, dessen Tätigkeit sich auf Finanzen und Kriegsführung konzentrierte. Neben diesen Institutionen sind zwei wichtige Ämter zu nennen, das des „Statthalters" und des „Ratspensionärs". Der Statthalter war eigentlich nicht mehr als ein Beamter im Dienst der Stände einer jeden Provinz, aber er genoß durch seinen fürstlichen Rang und die Abstammung aus dem Hause der Oranier ein quasimonarchisches Ansehen. Zu den Aufgaben des Statthalters gehörten die Wahrung der „wahren christlichen Religion" (d.h. des reformierten Bekenntnisses), die Aufsicht über die Justiz sowie der militärische Oberbefehl in Kriegszeiten.

Entsprechend war die Macht des Statthalters in Kriegszeiten groß, während er in Friedenszeiten eigentlich nicht benötigt wurde. Deshalb plädierten die Statthalter für die Fortsetzung des Krieges gegen Spanien, während die städtischen Führungsschichten, die Regenten, zum Frieden bereit waren. Der Konflikt eskalierte zum ersten Mal zwischen dem Statthalter Moritz von Oranien (1585–1625) und dem holländischen Landesadvokaten Johan van Oldenbarnevelt (1547–1619). Trotz der Vorbehalte des Statthalters gegen einen Frieden mit dem spanischen Erbfeind gelang es Oldenbarnevelt, mit dem Hinweis auf die prekären Finanzen der Republik einen zwölfjährigen Waffenstillstand (1609–1621) durchzusetzen. Der Konflikt spitzte sich dann erneut in den religiösen Auseinandersetzungen zwischen Remonstranten und Kontraremonstranten zu, die Moritz dazu benutzte, seinen alten Widersacher mit Hilfe eines Staatsstreiches zu beseitigen (vgl. Kap. IV, 3). Auch Moritz' Nachfolger im Statthalteramt Friedrich Heinrich (1625–47) und Wilhelm II. (1647–50) beäugten die Friedensbemühungen der Regenten mißtrauisch. Wilhelm akzeptierte den Westfälischen Friedensvertrag nur widerstrebend und nahm sich vor, den Krieg gegen Spanien so bald wie möglich wiederaufzunehmen. Er griff 1650 sogar zum Mittel des Staatsstreiches, um sich die Regenten gefügig zu machen. Als Wilhelm noch im selben Jahr unerwartet starb, nutzten die Generalstände die einmalige Gelegenheit, um die Statthalterschaft abzuschaffen und die souveräne Macht einschließlich des militärischen Oberbefehls den Provinzständen zu übertragen. Die antizentralistische Tradition der städtischen Führungsschichten, die sich in der Vergangenheit gegen die burgundischen ebenso wie gegen die habsburgischen Landesherren gerichtet hatte, war erneut zutage getreten. Dennoch leisteten sich einzelne Provinzstände wie Friesland auch weiterhin einen Statthalter aus oranischem Haus. Ein Statthalter für alle Provinzen wurde aber erst wieder während des Krieges gegen Frankreich und England (1672) in einer militärisch verfahrenen Situation auf den Schild gehoben.

In der statthalterlosen Periode (1650–72) gewann das – einst von Oldenbarnevelt bekleidete – Amt des Ratspensionärs wieder mehr an Bedeutung. Der Ratspensionär oder Landesadvokat der Provinz Holland übernahm als Leiter der holländischen Delegation in den Generalständen praktisch die Führung in Verwaltung, Außenpolitik und Finanzen, da die Provinz Holland mit der Stadt Amsterdam im Hintergrund die finanziell einflußreichste Provinz war und mehr als die Hälfte der jährlichen Ausgaben der Republik trug. So wurde der Ratspensionär der führende Staatsmann der Republik.

Im europäischen Mächtesystem waren die Niederlande durch das Machtvakuum des frühen 17. Jahrhunderts zur Großmacht aufgestiegen. In der zweiten Jahrhunderthälfte mußte die Republik dann diese Position gegen das erstarkende England und Frankreich verteidigen, die die niederländische Vormachtstellung streitig zu machen versuchten. Die erste Bedrohung ging von England aus, das mit der Verkündung der Navigationsakte 1651 den Ersten Englisch-Niederländischen Krieg (1652–54) provozierte. Nach dem *First Navigation Act* mußten importierte Waren vom Ursprungsland bzw. vom Hafen der ersten Verschiffung direkt nach England gebracht werden. Für die Beförderung der Waren wurden nur englische Schiffe oder Schiffe des Herkunftslandes zugelassen. Dies war als Defensivmaßnahme gegenüber der niederländischen Universalhandelspolitik gedacht. Der Krieg wurde trotz eines für die holländische Flotte unter Admiral Tromp ungünstigen Verlaufs glücklich im Frieden von Westminster beendet. Oliver Cromwell (1653–58), der englische Lordprotektor, der den Stuart-König Karl I. (1625–49) hatte hinrichten lassen und die Monarchie abgeschafft hatte, wollte auf jeden Fall vermeiden, daß durch eine schwere Niederlage der Niederländischen Republik die oranischen Statthalter, die er als Parteigänger der abgesetzten Stuarts fürchtete, in den Niederlanden wieder die Oberhand gewännen. Außerdem verfolgte er den Plan einer großen protestantischen Allianz gegen Spanien, so daß er die Forderungen der englischen Kaufmannsschaft und der Londoner City hinsichtlich einer weiteren Einschränkung der holländischen Konkurrenz nicht unterstützte.

Die Lage änderte sich in der Zeit der Restauration nach Cromwells Tod und der Rückkehr des Monarchen auf die Britischen Inseln. Hier sah sich Karl II. (1660–85) mit Forderungen seiner Gläubiger in der Londoner City nach erneuten Protektionsmaßnahmen gegenüber Holland konfrontiert, da sich die Navigationsakte nur bedingt als praktikabel erwiesen hatte. Im *New Navigation Act* (1660) legte man für den europäischen wie auch für den Kolonialhandel bestimmte Warensortimente fest, die nur auf englischen Schiffen nach England transportiert werden durften (u.a. Holz, Schiffsmasten, Pech, Teer, Pottasche, Öl, Wein, Salz, Zucker, Tabak, Baumwolle). Eine Ergänzung fand dieses Gesetz im *Staple Act* (Stapelakte), der den englischen Kolonien vorschrieb, alle europäischen Fertigwaren im Mutterland zu kaufen. Jedoch reichten die Maßnahmen den englischen Kaufleuten nicht aus. In diesen Kreisen schrieb man dem milden Frieden von Westminster zu, daß die niederländische Konkurrenz noch nicht beseitigt worden war. Das Vorspiel des Zweiten Englisch-Niederländischen Krieges (1665–67) fand in den Kolonien statt, wo es der *Royal African Company* trotz unglücklich verlaufender Expeditionen und Niederlagen in den Kämpfen mit der niederländischen Marine gelungen war, in das holländische Monopol des Sklavenhandels mit Westindien einzubrechen. 1665 erklärte England den Krieg. In Holland hatte man aber inzwischen dem Flottenbau Priorität eingeräumt, so daß die holländische Flotte unter Führung Michiel de Ruyters (1607–76) der unter Geldmangel leidenden englischen Flotte überlegen war. Berühmt wurde der Sieg von Chatham 1667, den de Ruyter mit seiner Flotte auf der Themse errang. Der Friede von Breda (1667) war ein Kompromiß, da die Niederländer, geführt vom Ratspensionär Johan de Witt (1625–72), mit Rücksicht auf das im Süden stärker werdende Frankreich übermäßige Forderungen zurücksteckten. Die Niederlande waren bestrebt, die gefährlichsten Streitpunkte zu beseitigen, und traten deshalb in Nordamerika die Neuniederlande mit Neu Amsterdam, dem künftigen New York, an England ab. Im karibischen Raum behielt man allein Surinam und einige Inseln. Die Engländer zogen sich aus Indonesien zurück und bauten dafür ihre Stellung in Indien weiter aus. Zugunsten der Niederländer wurde die Navigationsakte modifiziert. Jedoch verhinderte diese Mäßigung der niederländischen Seite nicht den Dritten Englisch-Niederländischen Krieg (1672–74), den Karl II. in einer Geheimallianz mit Ludwig XIV. (1643–1715) von Frankreich aus eigenen machtpolitischen und finanziellen Interessen heraus führte. Dabei handelte Karl gegen den Willen des Parlaments und der Londoner City, die weiteren englisch-niederländischen Waffengängen mit Skepsis entgegensahen. In dem folgenden Mehrfrontenkrieg gerieten die Niederlande in starke Bedrängnis. Um der drohenden Niederlage zu entgehen, öffnete man die Deiche, wodurch große Teile des flachen Altlandes unter Wasser gesetzt und das französische Heer am Vormarsch gehindert wurden. Wesentlich waren auch die Absetzung und Ermordung Johan de Witts und seines Bruders sowie die Wiedereinsetzung der Oranier in der Person Wilhelms III. von Oranien (1672–1702) als Statthalter. Wilhelm III. beendete nicht nur den Krieg, sondern heiratete auch 1677 Maria, eine Nichte des englischen Königs, und leitete so ein niederländisch-englisches Verteidigungsbündnis

Die Dynastien Oranien und Stuart in den Niederlanden und England

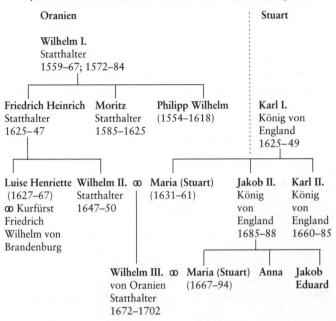

ein. Als sein inzwischen zum König gekrönter Schwiegervater Jakob II. (1685–88) die Rekatholisierung Englands vorantrieb, rief das englische Parlament Wilhelm III. zur Hilfe und bot ihm und seiner Frau in der *Glorious Revolution* die Königskrone an. Von nun an wurden England und die Niederlande zum Zentrum der antifranzösischen Koalitionen.

2. Drehscheibe der Weltwirtschaft

Die niederländische Wirtschaft erstaunte die Zeitgenossen und fasziniert die Historiker bis heute. Wie konnte ein solch kleines Land mit weniger als 2 Millionen Einwohnern und ohne natürliche Reichtümer im 17. Jahrhundert, einer allgemeinen Krisenzeit, zur führenden Wirtschaftsmacht aufsteigen? Der englische Botschafter in den Niederlanden, William

Temple (1628–99), führt als Grundlage der wirtschaftlichen Entwicklung der Niederlande die hohe Bevölkerungsdichte des Landes an: „Dadurch sind alle lebensnotwendigen Güter teuer, und Leute mit Besitz müssen sparen; die ohne Besitz sind zu Fleiß und Arbeit gezwungen." Aus der Not erwuchsen sozusagen die Tugenden, die sich im Lande einbürgerten. Die niederländische Bevölkerung wuchs im 16. und in der ersten Hälfte des 17. Jahrhunderts kontinuierlich. Bis 1650 hatte sie sich verdoppelt, danach setzte eine hundert Jahre anhaltende Stagnation ein, während derer in manchen Regionen sogar größere Bevölkerungsverluste zu verzeichnen waren.

Tabelle 3: Die Niederländische Bevölkerung, 1500–1795 (in Mio.)

1500	0,9	–	1
1550	1,2	–	1,3
1600	1,4	–	1,6
1650	1,85	–	1,95
1750	1,85	–	1,95
1795	2,078	(Zählung)	

Quelle: Riley, S. 531.

Um die Mitte des 17. Jahrhunderts, als das rapide Wachstum abbrach, war Holland die am dichtesten besiedelte und am stärksten urbanisierte Region Westeuropas. Auf die gesamtwirtschaftliche Entwicklung hatte die Bevölkerung sowohl auf der Produktionsseite mit ihrer Arbeitskraft als auch auf der Nachfrageseite durch ihre Kaufkraft großen Einfluß. Dies wird in den verschiedenen Sektoren der niederländischen Wirtschaft deutlich.

Im primären Sektor der Wirtschaft erlebte die Landwirtschaft während des 17. Jahrhunderts eine Phase der Modernisierung und Kommerzialisierung. Neue Feldfrüchte und landwirtschaftliche Techniken steigerten die Produktivität der Landwirtschaft, deren Produktion nur noch den Gesetzen des Marktes gehorchte. Erleichtert wurde die Modernisierung der niederländischen Landwirtschaft durch die Importe billigen Brotgetreides aus dem Ostseeraum. Mit diesen jährlichen Einfuhren von rund 60 000 Last Getreide wurden nach den

Schätzungen von Jan de Vries 600 000 Menschen satt. Der Import des Brotgetreides, das in den Niederlanden zeitaufwendig und teuer hätte produziert werden müssen, hielt die Getreidepreise niedrig und regte so die private Nachfrage nach anderen Nahrungsmitteln und Konsumgütern an. Außerdem machte der Verzicht auf den arbeitsintensiven Getreideanbau die Land- und Arbeitskraftressourcen für produktivere landwirtschaftliche Betriebszweige frei. Die Bauern spezialisierten sich auf Viehzucht und Milchwirtschaft sowie auf den Anbau von Futter- und Gewerbepflanzen (Flachs, Krapp, Raps, Tabak, Hopfen und Rüben). Abnehmer waren sowohl die städtischen Gewerbe als auch die Konsumenten in den Städten. Die Spezialisierung der Landwirtschaft hatte zur Folge, daß nur noch ein verhältnismäßig geringer Teil der Bevölkerung, im gesamten Land gut 30 %, in der Provinz Holland nur 20 %, in der Landwirtschaft tätig sein mußte. Entsprechend setzte der Fortschritt in der Landwirtschaft die große Mehrheit der Bevölkerung für die Arbeit in den wachsenden Gewerbe- und Dienstleistungssektoren frei. Ohne die produktive Landwirtschaft mit ihrer vergleichsweise modernen Beschäftigungsstruktur wäre ein Wachstum des niederländischen Gewerbes und des Handels in diesem Ausmaß nicht möglich gewesen.

Die Heringsfischerei gehört ebenfalls zum primären Sektor der Wirtschaft. Man kann sie aber auch als verarbeitendes Gewerbe ansehen: Die Holländer fingen den Hering auf See, sie behandelten und konservierten ihn mit importiertem Salz, sie packten ihn in Fässer aus importiertem Holz, und sie exportierten das fertige Endprodukt. Die niederländischen Fischer fingen in guten Jahren über 200 Mio. Heringe und damit ungefähr die Hälfte des gesamteuropäischen Heringsfangs. Der wichtigste Markt war der Ostseeraum, wo die Niederländer de facto das Heringsmonopol besaßen. Dabei gab vor allem die überlegene Technologie bei Fang und Verarbeitung den Niederländern einen Preisvorsprung vor den übrigen Fischfangnationen. Im Zusammenhang mit dem Heringsfang muß auch die Walfischfahrt erwähnt werden. Der

Walfang diente vor allem der Trangewinnung. Tran wurde in Trankochereien aus dem Walspeck gewonnen und diente hauptsächlich als Lichtquelle (Tranfunzel). Der wachsende Bedarf an Tran führte im Laufe des 17. Jahrhunderts zu einer erheblichen Ausweitung des Walfangs. Fuhren in den ersten Jahrzehnten des Jahrhunderts jährlich nur rund 20 Walfänger an die Küsten Spitzbergens und Jan Mayens, so waren es in der zweiten Jahrhunderthälfte 100–200 Walfänger, die jedes Jahr Jagd auf den Wal in der Grönländischen See machten. Walfang wurde ein Gewerbe, das den Bewohnern der niederländischen und deutschen Nordseeküste Arbeit gab.

Im sekundären Wirtschaftssektor, im Gewerbe, war im 17. Jahrhundert die größte Gruppe der arbeitenden Bevölkerung tätig, in der Provinz Holland z. B. rund 40 % der Berufstätigen. Das führende Gewerbe war die Textilherstellung, die in Holland von flämischen und Brabanter Emigranten im ausgehenden 16. Jahrhundert aufgebaut worden war. Mit den Flüchtlingen war die fortschrittliche Textilindustrie nach Leiden und Haarlem gekommen; sie sicherte dem niederländischen Tuchgewerbe für lange Zeit die Vorherrschaft auf dem Weltmarkt. Das niederländische Textilgewerbe kontrollierte vor allem jene Bereiche der Tuchherstellung, wie das Färben und Appretieren, die besonders hohe Gewinne abwarfen. Da man in England keine Färberpflanzen anbaute, konnte nicht so günstig wie in Holland gefärbt werden. 47% Gewinn machten die holländischen Tuchmacher beispielsweise durch die Bearbeitung von aus England als Halbfabrikat eingeführtem ungefärbtem Tuch. Eine wichtige Innovation war die Einführung der *nieuwe draperies,* der leichten Tuche, in Leiden. In der ersten Hälfte des 17. Jahrhunderts wurden diese in großen Mengen von jährlich über 100 000 Stück hergestellt. In der zweiten Hälfte des Jahrhunderts jedoch gerieten die Leidener Gewerbe gegenüber der englischen Massenproduktion ins Hintertreffen, während sie bei den hochwertigen Produkten, den Laken und der teureren Kamelotte, ihren Marktanteil halten konnten. Hierbei machte sich bemerkbar, daß die Niederländer zum einen leichten Zugang zu den Rohstoffen, zu türkischem Kamelhaar für die Kamelotte und zu spanischer Wolle für die Laken, besaßen und daß sie zum anderen über das nötige Know-how beim Färben mit Indigo und Koschinelle verfügten. Im 17. Jahrhundert war neben der Textilherstellung der Schiffbau das national wie international bedeutendste Gewerbe. Durch die Entwicklung zahlreicher neuer Schiffstypen hatten holländische Schiffszimmerleute die Niederlande im ausgehenden 16. Jahrhundert für anderthalb Jahrhunderte zur führenden europäischen Schiffbaunation gemacht. Eine der neuen, überaus erfolgreichen Schiffstypen war die *fluyt*, die mehrere Vorteile brachte: Sie wurde aus leichtem Holz nach einheitlicher Konstruktion in großer Anzahl gebaut und war für die verschiedensten Handelsgebiete geeignet. Die Standardisierung dieses Bautyps senkte die Produktions- ebenso wie die Betriebskosten des Schiffes. Im Zaanstreek nördlich von Amsterdam entstand eine riesige Schiffbauindustrie, die die Mechanisierung und Arbeitsteilung im Schiffbau vorantrieb. Eine Spitzenstellung unter den Gewerben erreichten auch die keramischen Industrien, die die einheimischen Ton- und Kaolinvorkommen zur Herstellung von Exporterzeugnissen nutzten. In ganz Europa verbreitet waren die Goudaer Tonpfeifen sowie seit der zweiten Hälfte des 17. Jahrhunderts die Delfter Fayence.

Der tertiäre oder Dienstleistungssektor wurde, was die Zahl der Beschäftigten betrifft, spätestens im ausgehenden 17. Jahrhundert der dominierende Sektor der niederländischen Wirtschaft. Das Zusammenwirken von Schiffahrt, Handel und Finanz ermöglichte die Vormachtstellung der Niederlande im Welthandel. Amsterdam war das Warenhaus, das *entrepôt,* wo alle Waren der Welt gestapelt wurden. Niederländische Schiffe holten die Waren aus den Anbau- und Produktionsgebieten und lieferten sie auf die Märkte, die die Güter nachfragten. Die niederländischen Schiffe waren nicht nur schneller, sondern auch „sauberer, billiger und sicherer" (Wilson) als die der Konkurrenz. Saubere, gut geführte Schiffe mit einer wohlgenährten Besatzung steigerten die Effizienz und Schnelligkeit der Seetransporte und verringerten die Risiken der

Schiffahrt und damit auch die Versicherungskosten. Daher konnten die Niederländer den Kaufleuten und Produzenten im In- und Ausland die mit Abstand niedrigsten Frachtraten anbieten. Das Schiffahrtsvolumen nahm ebenso zu wie die Tonnage der Handelsflotte (1670 ca. 40000 t).

Der Kostenvorteil beim internationalen Seetransport machte sich nicht nur gegenüber den Hansestädten, sondern auch gegenüber England, dem stärksten Rivalen, bemerkbar. Mehr als die Hälfte aller Güter aus dem Ostseeraum wurde auf niederländischen Schiffen nach England gebracht. Außerdem besorgten die Holländer, da es England an Schiffstonnage und Seeleuten mangelte, in großem Maße den Handel zwischen den westindischen und nordamerikanischen Kolonien und dem englischen Mutterland. Die Grundlage des holländischen Außenhandels bildete der alte Handel zwischen Nord- und Westeuropa, in einem Gebiet, das sich von den Britischen Inseln im Westen, Gibraltar im Süden bis nach Bergen und zum Finnischen Meerbusen im Norden und Nordosten erstreckte. Man vermittelte Heringe aus der Nordsee, Salz aus der Biskaya und Wein aus Frankreich in den Ostseeraum, wo schwedisches Eisen und Kupfer, in erster Linie aber Getreide, Holz und Waldwaren sowie gewerbliche Rohstoffe (Flachs und Hanf) eingetauscht wurden. Dabei verdrängten die Holländer in der zweiten Hälfte des 16. Jahrhunderts allmählich die Hansestädte aus dem Westhandel, indem sie sich auf den schnellen und preiswerten Transport von Getreide, Holz, Heringen und Salz konzentrierten. Bereits in den 1580er Jahren wurde ungefähr die Hälfte der Danziger Im- und Exporte auf niederländischen Schiffen abgewickelt, und der Anteil der Niederländer am Ostseehandel sollte noch auf 60–70 % des Warenumschlags steigen. Die Niederländer betrachteten den Ostseehandel mit Recht als *moedercommercie*. Das importierte Ostseegetreide ernährte einen großen Teil der Bevölkerung. Das Holz wurde ebenso wie die Nebenprodukte Pech, Teer und Asche für den Schiffbau und die gewerbliche Produktion genutzt. So benötigte auch die Heringsverarbeitung in großen Mengen vorfabrizierte Faßdauben, das sog. Klappholz, aus dem

Ostseeraum, während andere Gewerbe, wie die Seifensieder, zu den Hauptabnehmern Danziger und Königsberger Asche gehörten. Schließlich ermöglichte der Ostseehandel den Niederländern, auch in anderen Handelsgebieten Fuß zu fassen. So konnten die Niederländer im ausgehenden 16. Jahrhundert, als Mißernten West- und Südeuropa heimsuchten, ihr Getreidemonopol für Ostseegetreide ausspielen und den Handel mit Südeuropa intensivieren. Damit änderte sich allmählich auch das Warensortiment im niederländischen Ostseehandel. Nicht mehr allein Hering und Wein wurden in den Ostseeraum exportiert, sondern ebenfalls hochwertige Waren wie Gewürze, Zucker, Südfrüchte und Textilien. So kontrollierten die Niederländer neben dem Getreide- und Holzexport bald auch den Import westlicher Fertigwaren und Luxusprodukte.

Auf der Basis dieses Handels dehnten die Niederlande ihre Handelsgebiete in den Levantebereich sowie auf die Azoren und Madeira aus. Im beginnenden 17. Jahrhundert erfolgte der eigentliche Vorstoß in den Westindien- und Afrikahandel sowie in den Ostindienhandel, bis dahin spanische und portugiesische Domänen. Da Spanien und Portugal gemäß dem Vertrag von Tordesillas aus dem Jahre 1494 die außereuropäische Welt unter sich aufgeteilt hatten, konnten die Niederlande nur Erfolge erzielen, wenn die in europäische Kriege verwickelten Mutterländer sich nicht um ihre Kolonien kümmerten oder falls jene selbst Raubzüge in Übersee gegen Spanien und Portugal starteten.

Der niederländische Westindien- und Afrikahandel ist denn auch untrennbar mit der aggressiven Politik der niederländischen *West-Indischen Compagnie* (WIC) verbunden, die 1621 nach Ablauf des zwölfjährigen Niederländisch-Spanischen Waffenstillstands gegründet wurde. Sie hatte das Ziel, den niederländischen Handel mit diesen Erdteilen zu bündeln und vor allem die Konkurrenz der bereits bestehenden niederländischen Handelsgesellschaften zu beenden. Die WIC war als *joint-stock company,* als Aktiengesellschaft, organisiert. Größere Summen investierten allein wenige Kaufleute, die schon zuvor länger im Handel mit der Karibik, Brasilien und Guinea tätig waren. Das Startkapital von rund 7 Mio. Gulden konnte aber nur zusammenkommen, weil auch Einwohner der nicht direkt mit der Schiffahrt verbundenen Städte Leiden, Utrecht, Dordrecht, Haarlem, Deventer, Arnheim und Groningen erhebliche Summen in die Gesellschaft investierten. Die Anfangserfolge der WIC blieben bescheiden. Hätte nicht Piet Heyn 1628 vor Kuba die aus Mexiko kommende spanische Silberflotte gekapert und dabei über 11 Mio. Gulden in die Kasse der WIC gebracht, wäre diese schnell in Vergessenheit geraten. Für die weitere ökonomische Expansion benötigte die WIC neben dem Goldimport aus Afrika eine solide wirtschaftliche Grundlage in der Neuen Welt. Diese eröffnete sich für einige Jahrzehnte in Brasilien, wo 1630 das Zuckerzentrum Pernambuco (Recife) erobert und die Portugiesen zurückgedrängt wurden. Die Niederländer beherrschten nun zum ersten Mal den internationalen Zuckerhandel.

Der dynamischste Zweig des niederländischen Handels war zweifellos der Handel mit Indien und Südostasien. Nachdem die erste niederländische Flotte unter Cornelis de Houtmans 1595 auf Java eingetroffen war, vereinigten sich im Jahre 1602 die am Ostindienhandel beteiligten holländischen und seeländischen *voorcompagnieën* zu einer Monopolgesellschaft, der *Verenigde Oost-Indische Compagnie* (VOC). Die VOC war eine konzessionierte Aktiengesellschaft, der die Generalstaaten souveräne Rechte übertrugen und erlaubten, Forts anzulegen, Soldaten anzuwerben oder mit ausländischen Herrschern Verträge abzuschließen.

Pfeffer und feine Gewürze wuchsen auf Sumatra, den Banda-Inseln und den Molukken. Daher benötigte die VOC ein Zentrum im Gewürzgebiet, von dem aus sie den Gewürzhandel unter Kontrolle bringen konnte. Dies war das Werk des Generalgouverneurs Jan Pieterszoon Coen (1587–1629). Er gründete in unmittelbarer Nähe des Pfefferhafens Bantam auf Java die Festung Batavia, die heutige indonesische Hauptstadt Jakarta. Coens eigentliches Ziel war der lukrative intra-asiatische Handel, an dem auch Portugiesen, Spanier, Engländer und Dänen teilhatten. Exklusive Lieferverträge mit den lokalen

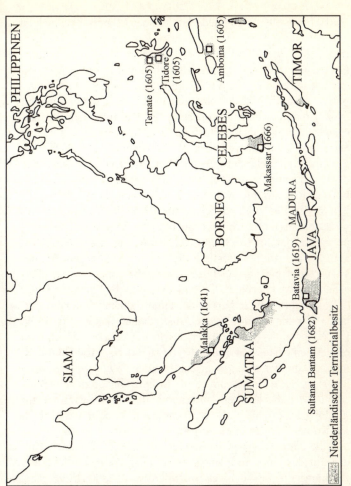

Das Handelsimperium der VOC in Südostasien im 17. Jahrhundert

Herrschern sollten den Niederländern das Monopol bei Nelken und Muskat sichern. Hielten sich die Partner nicht an die Verträge, ging die VOC mit Gewalt gegen Muskatnußbäume, Nelkenpflanzen und gegen Menschen vor. Große Anstrengungen unternahm die VOC, um in das portugiesische Stützpunktsystem in Südasien einzubrechen. Es ging dabei um Zimt in Ceylon sowie um Textilien an der Koromandelküste und später auch in Bengalen. Insbesondere Baumwolltextilien und Seide lösten im ausgehenden 17. Jahrhundert den Pfeffer als dominierendes Handelsgut der VOC ab. Lukrativ war auch der Handel mit Japan. Die VOC führte Seide, Textilien, Sandelholz nach Japan ein, während die Insel vor allem Edelmetalle lieferte, die die VOC wiederum für den Einkauf in Indien und im indonesischen Archipel brauchte. Das Verbot des Silberexports aus Japan 1668 und der Rückgang des japanischen Handels reduzierten drastisch die asiatischen Silbervorräte der VOC, die daher verstärkt zur Silbereinfuhr aus Europa übergehen mußte. Hierbei half der niederländische Finanzsektor.

Das wichtigste Ereignis in der Finanzgeschichte der Niederlande war die Gründung der Amsterdamer *Wisselbank* 1609. Die Wisselbank erfüllte vier essentielle Funktionen: Sie schuf im monetären Chaos des frühen 17. Jahrhunderts stabile Handelsmünzen, die der niederländische Handel als *negotiepenningen* im Ostseeraum, der Levante und Ostindien benötigte. Die Bank etablierte außerdem ein internationales Clearingsystem für Zahlungsansprüche und -verpflichtungen. Kaufleute unterhielten Konten bei der Bank, auf die sie Wechsel ziehen konnten, und die Bank überwies die Beträge von dem Konto eines Kunden auf das eines anderen. Dies stimulierte den bargeldlosen Zahlungsverkehr. Weniger bedeutend war die Kreditvergabe, von der zwar nicht die Privatkunden, aber immerhin die öffentliche Hand, wie die Stadt Amsterdam und die VOC, profitieren konnten. Die letzte wichtige Funktion war der Edelmetallhandel, da man an der Wisselbank jede gewünschte internationale Grobmünze in größeren Mengen erhalten konnte.

Wenn man die Entwicklung des niederländischen Handels insgesamt betrachtet, dann fallen seine enorme Expansion im

17. Jahrhundert und die Vorherrschaft niederländischer Kaufleute auf den Märkten der damaligen Welt auf. Grundlage für die niederländische Beherrschung des Welthandels war neben der guten Kapitalversorgung die einmalige Kontrolle des Massen- und des Luxusgüterhandels. Den Luxusgüterhandel konnten die Niederländer jedoch nur dominieren, weil sie über die technisch überlegenen verarbeitenden Gewerbe verfügten. Diese profitierten wiederum von den nahezu unbegrenzten Vorräten an Farbhölzern, Chemikalien und seltenen Rohstoffen, die ihnen der Handel beschaffte. Die Niederlande hatten so einen uneinholbaren Preisvorteil, der von den Nachbarstaaten nur durch subventionierte merkantilistische Unternehmungen oder militärische Maßnahmen zunichte gemacht werden konnte. Zu letzteren gehörten die Handelskriege zwischen England und den Niederlanden, die zusammen mit der protektionistischen Politik der merkantilistischen Staaten den Weg für den Aufstieg Englands zur führenden Handelsmacht im 18. Jahrhundert ebneten, wodurch die Niederlande ihre dominierende Stellung einbüßten.

3. Gesellschaft und Konfession

In keinem europäischen Land war der Wandel von der Ständegesellschaft zur bürgerlichen Gesellschaft so weit fortgeschritten wie in den Niederlanden des 17. Jahrhunderts. Die Lebenswelt war in starkem Maße durch die Stadt und nichtagrarische Tätigkeiten geprägt. Knapp 50 % der Bevölkerung wohnten schon in den Städten und nur noch ein Drittel arbeitete in der Landwirtschaft. Trotz fortgeschrittener Urbanisierung lebte aber folglich noch mindestens die Hälfte der Niederländer – deutlich unterschieden von den Städtern – auf dem Lande. Entsprechend sind die städtische und die ländliche Gesellschaft getrennt zu behandeln.

Der Adel spielte in der niederländischen Gesellschaft eine ziemlich bescheidene Rolle. Während die Adligen in den europäischen Staaten die politisch und sozial privilegierte Führungsschicht bildeten, hatte die Zahl der niederländischen

Adelsfamilien durch jahrhundertelange Fehden bereits um 1500 stark abgenommen. Im 16. Jahrhundert zählte man in Holland nur noch zwölf adlige Familien; im 18. Jahrhundert sogar nur noch sieben. In Friesland und Groningen gab es überhaupt keinen privilegierten Geburtsadel, sondern allein die sog. *hoofdelingen*, die aus der mittelalterlichen Großbauernschicht hervorgegangen waren. Nur in Geldern und Overijssel hatte der Adel eine gewichtigere Position inne. Hier waren die Grundherrschaft und die Schollenbindung der Bauern stärker verbreitet als im Norden oder Nordwesten, wo die wenigen Adligen ihr Land meistens an freie Bauern verpachteten. Immerhin brachte die bürgerliche Umwelt in Staat und Politik den in größerer Zahl am Hof der Oranier im Haag lebenden Adligen eine gewisse Achtung entgegen. Als alleiniger Vertreter des Landes außerhalb der Städte in den Provinzständen sowie durch seine singuläre Vertretung in den Generalstaaten hatte der Adel einen größeren politischen Einfluß, als man von seiner zahlenmäßigen Stellung her schließen würde.

Die dynamischste Entwicklung der ländlichen Gesellschaft machte die Bauernschaft durch. Die Grundlage der bäuerlichen Wirtschaft bildete das Besitzrecht. In der Provinz Holland besaßen die Bauern beispielsweise mehr als 40 % des genutzten Landes selbst. Sie konnten über ihr Land und seine Erträge frei von grundherrlichen Belastungen verfügen, was neben der günstigen Agrarkonjunktur die Intensivierung der Landwirtschaft anregte. Die ländliche Einkommensentwicklung zeigt, daß es einem Landarbeiter des 17. Jahrhunderts aufgrund der gestiegenen Löhne besser ging als einem freien Bauern hundert Jahre zuvor. Die Bauern dagegen profitierten von dem Anstieg der Agrarpreise und der wachsenden Rentabilität des Landes, Pachtzahlungen und Zinsleistungen stiegen entsprechend. Einen Einblick in den Wohlstand der Bauern und in ihre materielle Kultur geben die Nachlaßinventare, die Jan de Vries zusammengetragen hat. Während das Mobiliar des Bauernhauses im 16. Jahrhundert selten aus mehr als zwei Tischen und aus weniger als zehn Stühlen bestand, wies es im 17. Jahrhundert größere Vielfalt auf. Die großen Eichentruhen, charakteristisch für die niederländische Genremalerei, fanden ebenso Verbreitung wie achteckige Tische, Gardinen und Teppiche. Die teuersten Möbel der damaligen Zeit waren jedoch die Betten, die als Statussymbole betrachtet wurden. Uhren, Porzellan, Spiegel, Bilder und Bücher waren die eigentlich neuen Gegenstände des 17. Jahrhunderts. Nach außen demonstrierte der Bauer seinen Wohlstand mit goldenen und silbernen Schnallen, Knöpfen, Bechern und Löffeln. Daneben weisen beträchtliche Bargeldhinterlassenschaften sowie Rentenbriefe, Regierungsanleihen und Schuldscheine auf erhebliche finanzielle Ressourcen in den Dörfern hin.

Vermögen und Einkommen waren auch in der städtischen Gesellschaft der Niederländer neben den familiären Beziehungen und der Ausbildung die wichtigsten Kriterien, nach denen der soziale Status bemessen wurde. An der Spitze der Gesellschaft rangierten Adel und Regenten vor reichen Kaufleuten, Reedern, Unternehmern und hohen Offizieren. Dahinter folgten die Mittelschichten aus Handwerksmeistern, größeren Händlern, Schiffern, niederen Offizieren, kleinen Beamten, Kleinhändlern und Handwerkern. Lohnarbeiter, Seeleute, Soldaten, Schutenführer zählten zu den Unterschichten, zu denen noch die Randgruppen aus Landstreichern, Bettlern, Invaliden etc. kamen.

Wie sah die Lebenswirklichkeit dieser Schichten aus? Diese Frage ist nicht für alle sozialen Gruppen in gleichem Maße zu beantworten. Die kleine Gruppe der Regenten, man schätzt ihre Zahl auf ungefähr 2 000 Personen, hatte sich im 17. Jahrhundert zu einer Elite entwickelt, die die staatlichen und städtischen Ämter unter sich aufteilte. In den Städten ging es um die Bürgermeister-, Ratsherren- und Postmeisterämter; auf der Provinz- und Republikebene waren Ämter in den Generalstaaten sowie in *regeringscollegies* bis zum Amt des Ratspensionärs zu besetzen. Obgleich manche Ämter in bestimmten Familien erblich wurden, war die Regentenschicht im 17. Jahrhundert noch nicht hermetisch abgeschlossen. Immer wieder gelang es Familien, in den Kreis der Regenten aufzusteigen. Auch die Vermögensgrundlage der Regentenfamilien war höchst unterschiedlich. In Amsterdam mußte man natürlich viel mehr Besitz oder Vermögen haben, um bei den Regenten Einlaß zu finden, als in kleineren Städten wie Leeuwarden oder Harlingen. Entsprechend konnten in diesen Städten auch Bürger, die keine Kaufleute und weniger wohlhabend waren, Regent werden.

Wie war es überhaupt mit der sozialen Mobilität in der niederländischen Gesellschaft bestellt? Einerseits herrschte die Auffassung, daß jeder an seinem Platz in der Gesellschaft bleiben und soziale Kontakte wie Ehepartner in seiner Schicht suchen sollte. Andererseits war der Calvinismus einer erfolgreichen beruflichen Karriere gegenüber positiv eingestellt. In der Praxis besaßen vor allem die Mittelschichten die besten Aufstiegschancen, die sie bis in das Regentenpatriziat führen konnten. Die politischen Krisen der Jahre 1618/19 oder 1672 brachten in den Stadtregierungen neue Leute und neue Parteien an die Macht, ohne daß die politischen und sozialen Strukturen grundlegend verändert wurden. Ein anderer Faktor des sozialen Aufstiegs war die Übersiedlung nach Amsterdam, das gleichsam potentielle Aufsteiger aus dem In- und Ausland anzog. Ein gutes Beispiel für erfolgreiche Kaufmannskarrieren dieser Art ist Elias Trip, der 1570 in Zaltbommel geboren wurde und 1636 in Amsterdam starb. Zusammen mit seinem Bruder Jacob ließ er sich um 1600 in Dordrecht nieder und betätigte sich hauptsächlich im Eisenhandel, aber auch auf anderen Gebieten. Bald wurde Dordrecht für den ambitionierten Kaufmann zu klein, so daß er nach Amsterdam zog. Hier machte Trip als internationaler Waffenhändler sowie in dem damit zusammenhängenden Handel mit schwedischem Kupfer sehr gute Geschäfte. Bereits 15 Jahre nach seinem Umzug nach Amsterdam (1631) gehörte Elias Trip mit einem Vermögen von 240 000 Gulden zu den 24 reichsten Bürgern der Amstelstadt. Die kontinuierliche Einwanderung von Kaufleuten und der Aufstieg dieser *homines novi* in die städtische Führungsschicht hielt die Kaufmannsgesinnung der Amsterdamer Elite am Leben. Wenn die „Aristokratisierung" eine Familie erfaßt und diese damit den aktiven Handel verlassen hatte, nahmen neue Kaufmannsfamilien deren Platz ein. Erst als Amsterdam nach 1680 kaum mehr wuchs, griff die Rentiersmentalität immer mehr um sich.

Insgesamt erscheint die niederländische Gesellschaft des 17. Jahrhunderts als einzigartig im frühneuzeitlichen Europa. Hier herrschten kein König, kein Adel und kein Klerus, sondern hier bestimmten die Angehörigen der Regenten- und der Oberschicht, d.h. Bürger, das politische und gesellschaftliche Leben. In Frankreich sollte diese Gruppe erst als Dritter Stand, *Tiers-état,* mit der Französischen Revolution die politische Macht übernehmen. Dagegen trugen in den Niederlanden bereits die Mittelschichten in den kleineren und mittelgroßen Städten politische Verantwortung. Gerade diese wohlhabenden Mittelschichten waren zusammen mit den reichen Bauern ein wichtiges Potential für die ökonomische, gesellschaftliche und künstlerische Entwicklung des Landes. Sie bildeten nicht nur eine Reserve gut ausgebildeter Amtsträger, sondern sie stellten auch einen wachsenden Markt für die gewerblichen und künstlerischen Erzeugnisse des In- und Auslands dar. Gleichzeitig trug ihre Spendenbereitschaft wie die der Oberschicht dazu bei, die wirtschaftliche Entwicklung der Niederlande sozial verträglich abzufedern. Zahlreiche soziale Einrichtungen wie Armenkassen, Armenküchen, Waisenhäuser und Altenheime verdankten ihre Existenz dem Engagement und der Mildtätigkeit wohlhabender Bürger. Aufgrund dieses – natürlich nur grob geknüpften – sozialen Netzes brauchte in den Niederlanden selbst bei Teuerungen keiner mehr zu verhungern, auch wenn länger andauernde Getreidepreissteigerungen die Konstitution der Armen schwächten. Trotz dieser rudimentären sozialen Sicherheit blieben die Niederlande von Unruhen nicht verschont. Jedoch unterschieden sich diese grundsätzlich von den im übrigen Europa bekannten Aufständen und Revolten, denn sie fanden ausnahmslos in den Städten statt. Abgesehen von Steuer- und Brotpreisrevolten, die von Zeit zu Zeit in den Niederlanden stattfanden, waren die bedeutendsten Unruhen politisch oder religiös-politisch motiviert.

Die konfessionellen Verhältnisse wurden seit Beginn der Republik durch die niederländische reformierte Kirche geprägt. Zwar waren die Calvinisten auch im 17. Jahrhundert noch nicht in der Mehrheit – der Anteil der aktiven Calvinisten wird auf ein Drittel der niederländischen Bevölkerung geschätzt –, aber allein die reformierte Kirche erfreute sich aller Privilegien auf der Republik- und der Provinzebene. Seit 1581 war den Katholiken die öffentliche Ausübung ihres Bekenntnisses verboten. Das gleiche galt für Mennoniten, Lutheraner, später auch für Remonstranten. Die Katholiken wurden von allen öffentlichen Ämtern ausgeschlossen, die Juden von der Mitgliedschaft in nahezu allen Gilden. Insbesondere im beginnenden 17. Jahrhundert erlebte die junge Republik Ausbrüche religiöser Intoleranz, die mit den Auseinandersetzungen zwischen Remonstranten und Kontraremonstranten verbunden waren. Die beinahe in einen Bürgerkrieg ausartenden Unruhen entzündeten sich an einem Disput der beiden Leidener Theologen Jacobus Arminius (1560–1609) und Franciscus Gomarus (1563–1641) über die Prädestinationslehre. Aus einem universitätsinternen Gelehrtenstreit entstand ein heftiger Konflikt zwischen Remonstranten (Arminius-Anhängern) und Kontraremonstranten (Gomarus-Anhängern), in die der Landesadvokat Johan van Oldenbarnevelt auf remonstrantischer Seite und der Statthalter Moritz von Oranien auf der Gegenseite eingriffen. Der Kampf endete mit der Hinrichtung Oldenbarnevelts und der Einkerkerung seines Mitstreiters Hugo Grotius im Jahre 1619 und stärkte letztlich die Position des Statthalters gegenüber den städtischen Regenten. Gleichzeitig rückte die reformierte Kirche zusammen, ohne aber alle Calvinisten integrieren zu können. Die Remonstranten gingen ins Exil, z.B. das schleswig-holsteinische Friedrichstadt, oder wandten sich Lutheranern und sogar Katholiken zu. Jedoch gelang es der reformierten Kirche im Zusammenwirken mit dem Statthalter nicht, eine reformierte Konfessionalisierung durchzusetzen. Anders als in den zentralistisch-bürokratischen oder absolutistischen Staaten konnte sich in der Republik, die ihre zentralen Institutionen auf ein Mindestmaß beschränkt hatte, ein obrigkeitliches Kirchenregiment nicht herausbilden. Im Gegenteil, während der 1620er Jahre wurde der Ruf nach Toleranz unter den immer noch mit den Remonstranten sympathisierenden städtischen Eliten immer lauter. Von 1630 an erscheint die Republik insgesamt freier und toleranter in bezug auf Religion und das gedruckte Wort. Remonstranten, Lutheraner, Mennoniten, Juden und Katholiken profitierten von dieser Veränderung. Insbesondere Katholiken mußten nicht länger im Verborgenen ihre Gottesdienste halten. Multikonfessionalität und die von in- und ausländischen Zeitgenossen verklärte religiöse Toleranz wurden zum Charakteristikum der Niederlande. Daran konnte auch die 1672 von den calvinistischen Mittelschichten in Zünften und Schützengesellschaften zusammen mit den Unterschichten initiierte Revolte gegen das Regentenpatriziat nichts ändern. Zünfte und Schützen erreichten zwar einen personellen Austausch der durch die militärische Niederlage diskreditierten Regenten, aber der neu ins Amt gekommene Statthalter Wilhelm III. machte keine Zugeständnisse hinsichtlich der Veränderung des politischen oder gar des religiösen Status quo.

4. Die Blütezeit der niederländischen Malerei

Die niederländische Republik war in vielerlei Hinsicht singulär im Europa der Frühen Neuzeit. Zwei der vielen Besonderheiten, die immer wieder den ausländischen Besuchern auffielen, waren der ungewöhnlich große Kunstbesitz niederländischer Haushalte und die immense Produktivität niederländischer Maler. So hat man geschätzt, daß um die Mitte des 17. Jahrhunderts 650 bis 700 niederländische Maler durchschnittlich jeweils 94 Bilder im Jahr malten – das entspräche 63 000 bis 70 000 Gemälden. Eine andere Schätzung kalkulierte 50 000 Gemälde pro Jahr allein für die Provinz Holland. Die Produktion der Maler spiegelt sich in den niederländischen Nachlaßinventaren wider. Zum Beispiel nahm die Zahl der Gemälde in den Delfter Inventaren von durchschnittlich 10 je Haushalt im ersten Jahrzehnt des 17. Jahrhunderts auf

20 in den 1670er Jahren zu, während die Quellen für Amsterdam in der gleichen Zeit einen entsprechenden Anstieg von 25 auf 40 Gemälde dokumentieren. Es war deshalb nicht ungewöhnlich, wenn 1643 ein Leidener Tuchfärber 64 Gemälde besaß und zwei andere Färber in den 70er Jahren des 17. Jahrhunderts 96 bzw. 103 Gemälde ihr eigen nannten. Diese bemerkenswerte Entwicklung läßt sich mit den spezifischen Bedingungen der Kunst und der Kunstproduktion in der niederländischen Republik erklären. Sie waren charakterisiert durch die Entstehung eines Kunstmarktes, die Säkularisierung des Geschmacks von Käufern und Sammlern sowie die Kunstproduktion in einem von Gilden organisierten Handwerksmilieu.

Die Mehrheit der Maler malte nicht länger für private Auftraggeber oder Mäzene, sondern befriedigte eine anonyme Marktnachfrage. Die Voraussetzungen hierfür – niedrige Produktionskosten, eine kontinuierliche Marktnachfrage und eine Preisgestaltung, die die Material- und Lebenshaltungskosten der Künstler deckte – waren offensichtlich gegeben. Außerdem senkten Spezialisierung und Produktinnovation, die für die niederländische Wirtschaft insgesamt typisch waren, auch die Produktionskosten für Gemälde. Maler spezialisierten sich nicht nur auf Porträts, Genre oder Stilleben, sondern auch innerhalb der Stilleben auf Frucht-, Blumen-, Fisch-, Frühstücks-, Jagdstilleben etc. Als Produktinnovation ist z.B. die „Erfindung" der sogenannten tonalistischen Malerei durch Esaias van de Velde (1590/91–1630) und Jan Porcellis (1609–45) zu nennen. Diese ersetzten die lineare Zeichnung ihrer manieristischen Vorgänger durch eine malerische Naturschilderung in Grau-, Braun- und Gelbtönen. François Knibbergen (1597/98–1665), Jan Porcellis und Jan van Goyen (1596–1656) sollen ihr bestes Bild jeweils innerhalb eines Tages gemalt haben. Insbesondere Jan van Goyen, Pieter de Molijn (1595–1661) und Salomon Ruysdael (1600/03–70) perfektionierten diese Technik in den 1630er und 40er Jahren und steigerten damit ihre Produktion. Die Verkürzung der Arbeitszeit an einer „Landschaft" verringerte deren Preis. Das Angebot an Landschaften wurde breiter, das Einzelstück preiswerter, so daß die Sammler zunehmend Landschaften erwarben. Die Marktnachfrage nach Gemälden nahm während des 17. Jahrhunderts deutlich zu und ermöglichte Druckern, Rahmenmachern sowie den weniger erfolgreichen Malern erstmals eine selbständige Existenz als Kunsthändler.

Auch wenn die meisten Maler für den Markt arbeiteten, malten andere zumindest zeitweise für Auftraggeber. Auftraggeber oder Mäzene in der niederländischen Republik waren zum einen die reformierte Kirche, die aber nur wenige Orgelprospekte zur Ausmalung in Auftrag gab, zum anderen die Statthalter aus dem Oranierhaus, die ihre Paläste ausmalen ließen. Auch die Städte bestellten Maler zur Ausschmückung der Rathäuser mit allegorischen Darstellungen. Einen größeren Teil der Auftragskunst stellten die Porträts dar, egal ob es sich bei den Porträtierten um Korporationen wie die Schützen oder um Familien und Einzelpersonen handelte. Auch die sogenannten Feinmaler Gerrit Dou (1613–75), Frans van Mieris (1632–81) und Johannes Vermeer (1632–75) verkauften ihre gesamte künstlerische Produktion meist an einen Mäzen, der in der Regel im voraus bezahlte und dem Feinmaler das Verkaufsrisiko abnahm. Denn Feinmalerei war anders als die tonalistische Malerei zeitraubend und teuer und erfüllte so nicht die vom Kunstmarkt geforderten Bedingungen.

Das zweite Charakteristikum der niederländischen Malerei des 17. Jahrhunderts, die Säkularisierung des Geschmacks von Käufern und Sammlern, wird sichtbar, wenn man die Amsterdamer oder Delfter Nachlaßinventare nach den hinterlassenen Gemälden befragt und diese wiederum nach Sujets (Historien, Landschaften, Porträts, Stilleben, Genre) unterscheidet: Der Anteil religiöser Historien in den Sammlungen ging im Laufe des 17. Jahrhunderts deutlich zurück, während der Anteil der Landschaften zunahm. Szenen aus dem Alten und dem Neuen Testament, die zu Beginn des 17. Jahrhunderts noch ein Drittel aller Gemälde in den Privatsammlungen ausgemacht hatten, spielten am Ende des Jahrhunderts nur noch eine untergeordnete Rolle; außerdem erfreuten sich Genreszenen durch das gesamte 17. Jahrhundert einer wachsenden Popularität. Michael Montias hat diesen Trend mit der oben erwähnten relativen Verbilligung der tonalistischen Landschaften erklärt. Grundlegend aber war der Funktionswandel des Gemäldes in der niederländischen Gesellschaft. Bis ins 16. Jahrhundert erwarb man Bilder hauptsächlich für Andachtszwecke und kaufte dazu religiöse Themen. Im 17. Jahrhundert wurde als eine Spätfolge des calvinistischen Ikonoklasmus die Unterhaltungsfunktion des Gemäldes immer bedeutender. Ein Großteil der Bevölkerung betete nicht mehr Gemälde der Jungfrau Maria oder der Heiligen an, sondern kaufte die Bilder, um damit seine Häuser zu dekorieren und sich an den Kunstobjekten zu erfreuen. Dieser Wandel spiegelt sich in den reformierten Kunstsammlungen wider. Während die Katholiken weiter an ihren Andachtsbildern festhielten und vor allem Themen aus dem Neuen Testament wie Kreuzigungs- und Marienbilder besaßen, bevorzugten orthodoxe Calvinisten Szenen aus dem Alten Testament ebenso wie Porträts, Stilleben und vor allem Landschaften. Hinzu kamen symbolträchtige Genredarstellungen, die ästhetische Funktionen mit belehrenden und moralisierenden Botschaften verbanden. Die zurückgehende Bedeutung der religiösen Themen – das gleiche gilt auch für die übrigen Historien und Allegorien – wurde oft mit der Vorliebe der niederländischen Bourgeoisie für Realismus bzw. Landschaftsmalerei erklärt. Jedoch bevorzugte ein wie auch immer zu beschreibendes Bürgertum nicht zwangsläufig realistische Kunst. Voraussetzungen hierfür waren zum einen das protestantisch-calvinistische Bekenntnis und die neue Funktion des Kunstwerkes und zum anderen die soziale Ausweitung der Nachfrage auf Käuferschichten, die das kauften, was ihnen gefiel und was sie sich leisten konnten. Deshalb trugen die preiswerter gewordenen Landschaften zur wachsenden Nachfrage der Käufer bei und wurden zur beliebtesten Gattung in den niederländischen Gemäldesammlungen des 17. Jahrhunderts. Noch preiswerter als Gemälde und daher für nahezu alle Niederländer erschwinglich waren die zahlreichen graphischen Erzeugnisse, die zunächst in Form von Holzschnitten, im 17. Jahrhundert aber hauptsächlich als Kupferstiche und Radierungen verbreitet wurden. Für sie gab es einen riesigen, heute kaum mehr rekonstruierbaren Markt, so daß nicht nur gewerbliche Unternehmer, sondern auch alle politischen und religiösen Parteien und Gruppen sich dieses Massenmediums bedienten.

Ein weiteres Phänomen, das die Kunsthistoriker und Kunstsoziologen bis heute fasziniert, war die Kunstproduktion in einem von Gilden beherrschten Handwerksmilieu. Die nach dem Heiligen Lukas, dem Patron der Maler, benannten Malergilden regelten fast alle Bereiche der künstlerischen Produktion. Sie definierten die Handwerksberufe, die in der Gilde zugelassen waren, und versuchten, die obligatorische Mitgliedschaft in der Gilde durchzusetzen. Sie regelten die Bedingungen der Lehrzeit und die Qualifikation für den Meisterbrief. Sie schlichteten Streitigkeiten zwischen Meistern, Gesellen und Lehrlingen, und sie versuchten, zumindest den lokalen Kunstmarkt zu regulieren.

Ob die Gilden als Kartell auf dem lokalen Kunstmarkt erfolgreich waren, hing von den örtlichen Bedingungen ab. Während die Gildenmitgliedschaft in Städten wie Delft, Dordrecht, Haarlem und auch in den meisten anderen Städten im 17. Jahrhundert durchgesetzt werden konnte, war das in einer Großstadt wie Amsterdam, die ohnehin auswärtigen Kunsteinflüssen unterworfen war, nicht mehr der Fall. Die Mehrheit der niederländischen Maler gehörte aber den Lukasgilden an und unterschied sich von den anderen Handwerkern nur durch ihr höheres Einkommen (der durchschnittliche Maler verdiente dreimal soviel wie ein Handwerker) und ihre größeren Häuser. Einige Maler mögen sich als Mitglieder der freien Berufe gefühlt haben. Dennoch war für Akademien nach italienischem Vorbild oder für das Ideal des freien Künstlers, wie das Karel van Mander (1548–1606) gefordert hatte, nur wenig Platz in der zünftisch organisierten niederländischen Malerschaft. Die korporativen Kräfte waren zu stark und verhinderten die Entwicklung von Akademien und eines Künstlerkultes in der niederländischen Republik, obwohl Tendenzen zugunsten einer Emanzipation von der Gilde zu beobachten sind.

Insgesamt sind die Zusammenhänge zwischen dem wirtschaftlichen Wachstum der Niederlande, dem steigenden Wohlstand breiter Schichten und der privaten Nachfrage nach Kunstwerken nicht zu verkennen. In den Niederlanden entstand erstmals in der europäischen Kunstgeschichte eine auch die Mittelschichten erfassende Nachfrage nach Kunstwerken, die sowohl ein breites Gemäldeangebot bewirkte, als auch zahlreiche künstlerische Spitzenleistungen hervorbrachte. Voraussetzung für die größere Nachfrage, die nicht nur Kunstwerke, sondern auch Einrichtungsgegenstände jeder Art umfaßte, war der Wohlstand aller Käuferschichten, der mit dem wirtschaftlichen Wachstum der Niederlande unschwer in Verbindung zu bringen ist. Dabei hielt der private Wohlstand selbst im ausgehenden 17. Jahrhundert noch an, als die niederländische Wirtschaft bereits stagnierte. Weitere Parallelen kann man auf dem Gebiet von Kommerzialisierung und Innovation zur niederländischen Wirtschaft ziehen. Konkurrenz und Innovation hielten das Wirtschaftswachstum und die Kreativität der niederländischen Malerei des 17. Jahrhunderts am Leben. Als die Konkurrenz und der Austausch zwischen den kleinen Kunstzentren in Alkmaar, Haarlem oder Delft und die Mobilität der Kulturträger nachließen, waren auch die Kunstmärkte ähnlich wie andere Märkte gesättigt. Anders als in der Aufschwungphase der 1630er Jahre wurden aber in den 1680er und 90er Jahren immer weniger Sammlungen zeitgenössischer Kunst aufgebaut. Wenn man Kunstwerke kaufte, bevorzugte man teure Gemälde alter Meister wie auch niederländische Konsumenten auswärtigen Erzeugnissen zum Nachteil der einheimischen Gewerbe den Vorzug gaben. Die künstlerische Produktion stagnierte, ihre Vielfalt ging verloren, da der Export keine wirkliche Alternative für den gesättigten, enger werdenden einheimischen Markt bot. Damit einher ging ein weiterer Wandel des Geschmacks, z.B. eine Vorliebe für dekorative Textilien und Tapeten, der weniger Raum für Gemälde ließ. Neue Einrichtungsgegenstände, insbesondere aus Porzellan, wurden immer populärer.

Von diesen Trends profitierten zwar nicht mehr die niederländischen Maler, sondern adlige und bürgerliche Kunstsammler in ganz Europa. Diese nutzten die Gunst der Stunde, um sich aus den unter den Hammer kommenden holländischen Gemäldesammlungen zu bedienen. So ist das Goldene Zeitalter bis heute in fürstlichen und städtischen Sammlungen außerhalb der Niederlande präsent.

Hatten die niederländischen Literaten ähnliche Erfolge wie die Maler? „Malen war ein Beruf, Schreiben eine Liebhaberei" (Brom). Während der Maler von seinem Handwerk leben konnte, ermöglichte dem – oft der Oberschicht angehörenden – Schriftsteller sein Beruf als Kaufmann, Beamter, Politiker die Ausübung seiner brotlosen Kunst. Dennoch wurden Dichter wie Constantijn Huygens (1596–1687), Pieter Corneliszoon Hooft (1581–1647) oder Joost van den Vondel (1587–1679) sehr verehrt, ihre Werke aber fast ausschließlich in den Niederlanden gelesen. Größere Verbreitung erreichten die Gelehrten. Hugo Grotius (1583–1645) gilt mit seinen Werken *Mare liberum* (1609) und *De iure belli ac pacis* (1625) als der Vater des Völkerrechts. Christiaan Huygens (1629–95) war der führende Mathematiker und Naturwissenschaftler seiner Zeit, der mit allen wichtigen Forschern korrespondierte. Große Bedeutung besaßen die Niederlande auch als Zentrum der Philosophie. Hier wirkten nicht nur der jüdische Philosoph Baruch Spinoza (1632–77), dessen posthum veröffentlichtes Hauptwerk *Ethica* (1677) erst im 18. Jahrhundert in Europa rezipiert wurde, sondern nahezu alle berühmten Denker des 17. Jahrhunderts. René Descartes (1596–1650), John Locke (1632–1704) und Pierre Bayle (1647–1706) verbrachten wichtige Jahre ihres Lebens in den Niederlanden, wo sie auch einen Teil ihrer Werke veröffentlichten. Das 17. Jahrhundert war also nicht nur ein goldenes Zeitalter für die niederländische Malerei, sondern auch für die intellektuelle Kreativität.

V. Der Niedergang der niederländischen Republik im 18. Jahrhundert

Das 18. Jahrhundert wird oft als die Zeit des Stillstandes, wenn nicht sogar als Zeit des ökonomischen und politischen Niederganges der Republik bezeichnet. Aus dem Spanischen Erbfolgekrieg ging die Niederländische Republik als eine mittelgroße Macht hervor, die sich auf das Wahren des Vorhandenen beschränken mußte. Wirtschaftlich büßten die Niederlande einen Teil der auswärtigen Märkte für ihre Erzeugnisse ein. Im Innern gab ein politisches Machtvakuum den partikularen Kräften Auftrieb.

1. Im Schlepptau der Großmächte

Seit der Übernahme des Statthalteramtes durch Wilhelm III. im Jahre 1672 waren die Niederlande zum Zentrum der antifranzösischen Politik geworden. Vom Haag aus organisierten Wilhelm III. und später, nachdem Wilhelm 1688 den englischen Thron bestiegen hatte, der Ratspensionär Antonie Heinsius (1641–1720) zwei große Allianzen (1674–78, 1688–97) gegen Ludwig XIV. Während die Friedensschlüsse von Nimwegen (1678) und Rijswijk (1697) einen Höhepunkt niederländischer Außenpolitik bedeuteten, ging die Republik aus dem Spanischen Erbfolgekrieg (1702–13) als eine Macht von nunmehr mittlerer Bedeutung hervor.

Im Jahre 1700 war Karl II. von Spanien gestorben und hatte den Thron dem französischen Prätendenten Philipp von Anjou, einem Enkel Ludwigs XIV., überlassen. Da die übrigen europäischen Mächte, allen voran der Kaiser und England, diese Beeinträchtigung des europäischen Gleichgewichts nicht hinzunehmen bereit waren, kam es zum Spanischen Erbfolgekrieg, dem ersten „Weltkrieg" in der Geschichte, der 1713 im Frieden von Utrecht beendet wurde. Der Friedensschluß sah u.a. vor, daß Philipp von Anjou den spanischen Thron besetzte, Österreich aber die Spanischen Niederlande erbte, die nun österreichisch wurden. Obwohl die Niederlande die finanzielle Hauptlast und niederländische Truppen einen erheblichen Teil der Verluste getragen hatten, gingen Ruhm und Glorienschein an die großen ausländischen Feldherren, wie den Herzog von Marlborough oder Prinz Eugen von Savoyen. Es war deutlich geworden, daß die Niederlande zu klein waren, um die Rolle einer Seemacht und Landmacht dauerhaft erfolgreich zu spielen. Nach den großen koalitionspolitischen Ereignissen mußte sich die Republik nunmehr auf das Bewahren des Vorhandenen beschränken, und dies gelang ihr auch durch eine strikte Neutralitätspolitik in den meisten Konflikten des 18. Jahrhunderts. Ohnehin lief jetzt der Entscheidungsprozeß der europäischen Politik an den Niederlanden vorbei, obgleich immer wieder Versuche unternommen wurden, die Republik in die eine oder andere Allianz hineinzuziehen. Im Österreichischen Erbfolgekrieg (1740-48), in dem mehrere deutsche Kurfürsten im Bündnis mit Frankreich die weibliche Erbfolge in Österreich anfochten, wurden die Niederlande Opfer der französischen Expansion, die 1747 nach der Eroberung der Österreichischen Niederlande auch vor der Republik nicht haltmachte. Trotzdem hielten die Generalstaaten den Kurs des *non-alignment* auch im Siebenjährigen Krieg (1756-63) durch, so daß die Republik, insbesondere deren Handel und Finanz, als der eigentliche Gewinner hieraus hervorging. Erst der Schritt von der unbewaffneten zur bewaffneten Neutralität während des Amerikanischen Unabhängigkeitskrieges sowie die stillschweigende Unterstützung der amerikanischen Rebellen bereitete der Republik eine deutliche Niederlage im Vierten Englisch-Niederländischen Krieg (1780-84); diese war aber nur eine Episode verglichen mit den kommenden Ereignissen der Französischen Revolution und der Errichtung der Batavischen Republik.

Das innenpolitisch wichtigste Ereignis war der Tod Wilhelms III. (1702), der keinen männlichen Erben hinterließ. Die städtischen Regenten besannen sich daher auf die alte antizentralistische Tradition und ließen das Statthalteramt vakant. Reformversuche wie die des Ratspensionärs Simon van Slingelandt

(1664–1736), der den Regierungskollegien der Generalstaaten und ihren Delegierten mehr Kompetenzen auf Kosten der Provinziallandtage verschaffen wollte, scheiterten. Die Republik blieb ein „altertümliche[s], aber dauerhaft gebaute[s] Haus" (Schöffer), das auch durch den Österreichischen Erbfolgekrieg nicht in seinen Grundfesten erschüttert wurde. Dennoch brachten die französische Invasion des Jahres 1747 und die darauf folgenden Unruhen die Oranier wieder an die Macht und eröffneten wie 1672 den städtischen Mittelschichten kurzfristig die Möglichkeit politischer Partizipation. Wilhelm IV. (1748–51) aus der friesischen Nebenlinie der Oranier, der bereits 1711 die Statthalterschaft in Friesland und 1722 in Geldern, Drenthe und Groningen übernommen hatte, ließ sich zum Statthalter aller Provinzen ausrufen. Gleichzeitig wurde die Erblichkeit der Statthalterschaft in der männlichen wie der weiblichen Linie eingeführt. Der Aufruhr in den holländischen Städten hörte aber mit der Inthronisation des Statthalters nicht auf. Hierbei taten sich vor allem die Schützen hervor, die von den Regenten die Wiederherstellung der alten Rechte, sei es für Bürger, Zünfte oder Schützengesellschaften, sowie die Einrichtung ständiger Bürgerkommitees zur Kontrolle der Stadtregierungen insbesondere in finanziellen Angelegenheiten forderten. Man hat diese Forderungen im Gegensatz zur „großen" antizentralistischen Tradition der städtischen Eliten gegen König oder Statthalter als „kleine" Tradition städtischer Opposition bezeichnet. Durch die militärische Niederlage waren wie schon 1672 die städtischen Eliten diskreditiert, so daß sich die Forderung nach einem Austausch des Führungspersonals und nach seiner ständigen Kontrolle gleichsam von selbst ergab. Jedoch erfüllten sich die auf den Oranier gesetzten Hoffnungen der städtischen Mittelschichten nicht. Oranier und Regenten schlossen einen Kompromiß, der beiden Seiten die Möglichkeit eröffnete, die politische Krise ohne Machteinbußen zu überstehen. In Zukunft waren Veränderungen der Machtbalance nur durch die Verbindung von „großer" (gegen den Statthalter) und „kleiner" (gegen die Regenten) rebellischer Tradition zu erreichen.

Damit war die Stoßrichtung der nächsten großen politischen

Die bis heute regierende friesische Nebenlinie der Oranier

Johann Wilhelm Friso
Statthalter von Friesland
1696–1711

Wilhelm IV.
Statthalter von Friesland
1711–51
Erbstatthalter
1748–51

Wilhelm V.
Erbstatthalter
1751–95

Wilhelm I.
König der Niederlande
1815–40

Wilhelm II.　　　　　　　　　　**Friedrich**
König der Niederlande　　　　　　1797–1881
1840–49

Wilhelm III.　　　　　　　　　　**Heinrich**
König der Niederlande　　　　　　Statthalter von Luxemburg
1849–90　　　　　　　　　　　　1850–79

Wilhelmina
Königin der Niederlande
1890–1948

Juliana
Königin der Niederlande
1948–80

Beatrix
Königin der Niederlande
seit 1980

Revolte, der Patriotenbewegung der 1780er Jahre, bereits vorgezeichnet. Den Nährboden hatten die Rezeption der Aufklärung durch gelehrte Gesellschaften sowie die amerikanische Revolution bereitet. Unmittelbarer Anlaß war jedoch die schmachvolle Niederlage im Vierten Englisch-Niederländischen Krieg, die sich bereits im ersten Kriegsmonat, im Januar 1781, mit dem Verlust von rund 200 niederländischen Schiffen deutlich abzeichnete. Für dieses Desaster wurde der Statthalter Wilhelm V. (1751–95) persönlich verantwortlich gemacht. Im September 1781 veröffentlichte der overijsselsche Adlige Joan Derk van der Capellen tot den Poll (1741–84) anonym sein Pamphlet *Aan het Volk van Nederland,* in dem er die Tyrannei der Oranier verurteilte, für die Einberufung von Bürgerversammlungen plädierte und zur Volksbewaffnung aufrief.

Überall in den Niederlanden, insbesondere in den kleinen Landstädten, folgte man van der Capellens Aufruf. Patriotische Gesellschaften schossen wie Pilze aus dem Boden, publizierten Denkschriften und Pamphlete, unterzeichneten Petitionen. Sogenannte Freikorps bereiteten sich auf die militärische Auseinandersetzung vor. Nach einigen Scharmützeln zwischen Freikorps und den Statthaltertruppen mußte Wilhelm V. Den Haag verlassen, und die Patrioten übernahmen in Holland die Macht. Jedoch konnten die Patrioten die Früchte ihres Sieges nur kurze Zeit genießen, da der Statthalter mit britischem Geld und preußischen Truppen (der preußische König war der Schwager des Statthalters) im September 1787 die alten Verhältnisse gewaltsam wiederherstellte.

Insgesamt symbolisierte die Patriotenbewegung beide revolutionären Traditionen der niederländischen Geschichte. Einerseits versuchten die Eliten, im Sinne der großen Tradition durch Unterstützung der Patrioten ihre Machtbasis gegenüber dem Statthalter wiederherzustellen. Andererseits verkörperten die Bürgerkomitees und die Freikorps die kleine Tradition bürgerlichen Protests. Neu war dabei, daß die Aktivitäten nicht auf regionaler Ebene steckenblieben, sondern zum erstenmal eine nationale Ebene erreichten und durch die entstehende politische Presse landesweit koordiniert wurden.

Es bedurfte daher nur des Anstoßes von außen, und die patriotischen Gesellschaften, Presse und Publizistik sowie die Freikorps schürten erneut ein revolutionäres Klima. Der Ausbruch der Französischen Revolution, die kurzlebige Gründung einer niederländischen Republik in den Österreichischen Niederlanden und schließlich die Implantation der Revolution durch französische Truppen in diesem Gebiet versetzten die Patrioten im Norden in freudige Erwartung. Bürgerkomitees übernahmen erneut die Macht, die sie dank der französischen Waffen nun dauerhaft behalten sollten. In Erinnerung an die Großtaten der Vergangenheit (den Aufstand der Bataver unter Claudius Civilis gegen die Römer) und eingedenk der großartigen revolutionären Gegenwart benannte man die niederländische Republik 1795 in Batavische Republik um; sie sollte sich fortan innen- wie außenpolitisch in französischem Fahrwasser bewegen.

2. Stagnation oder Niedergang der Wirtschaft?

Die öffentliche Meinung des 18. Jahrhunderts zeichnete ein pessimistisches Bild der wirtschaftlichen Situation der Niederlande, das von den Historikern übernommen und bis in die Zeit nach dem Zweiten Weltkrieg tradiert wurde. In jüngster Zeit entstand ein differenziertes, aber auch ein widersprüchliches Bild von der niederländischen Wirtschaft im 18. Jahrhundert. So sehen einige Historiker in diesem Zeitraum Stagnation, andere einen plötzlichen Rückgang und wieder andere sogar wirtschaftliches Wachstum.

Die erste Hypothese von der Stagnation der Wirtschaft wird vor allen von Johan de Vries vertreten, der zwischen absolutem und relativem Niedergang der Wirtschaft unterscheidet. Dabei bedeutet „absolut" die Relation gegenüber dem Entwicklungsniveau des 17. Jahrhunderts und „relativ" den Vergleich mit dem Wirtschaftswachstum der anderen Länder. Nach de Vries gingen bei allgemeiner Stabilität in den Bereichen Handel und Schiffahrt der Fischfang und die gewerbliche Produktion zurück, wogegen der Finanzsektor und in der zweiten Hälfte des 18. Jahrhunderts auch die Landwirtschaft deutlich wuchsen. Relativ zum Wirtschaftswachstum und zur Handelsexpansion Englands ging die niederländische Wirtschaftskraft also zurück. Die Niederlande verloren ihr Handelsmonopol und spürten auf den ausländischen Märkten die überlegene Konkurrenz Englands und Frankreichs.

Nach der zweiten Hypothese sind eine Verringerung der niederländischen Wirtschaftsaktivität zwischen 1670 und 1750, aber auch eine Erholungsphase in der zweiten Hälfte des 18. Jahrhunderts zu konstatieren. Das behauptet zumindest der amerikanische Historiker Jan de Vries, der mit dem Passagier-Treidelverkehr einen untrüglichen Indikator für die wirtschaftliche Entwicklung der Republik gefunden zu haben glaubt. Da der Personenverkehr mit den *trekschuten* die dominierende Transportform war, schließt de Vries aus dem Rückgang der Passagierzahlen auf Trends der Einkommens- und Bevölkerungsentwicklung.

Die dritte These konstatiert ein langfristiges Wirtschaftswachstum zwischen 1650 und 1860, auf das in erster Linie ein anderer amerikanischer Historiker, James Riley, aufmerksam gemacht hat. Dabei stützt er sich auf die Schätzungen des niederländischen Pro-Kopf-Einkommens durch den zeitgenössischen englischen Mathematiker und Statistiker Gregory King.

Eine solidere Grundlage als die Schätzungen Gregory Kings bieten die Löhne, die im gesamten 18. Jahrhundert stabil blieben. Der durchschnittliche Lohnarbeiter konnte 250–300 Gulden im Jahr verdienen, woraus sich auf ein festes Pro-Kopf-Einkommen von 175–250 Gulden schließen läßt, dessen Kaufkraft sich erst durch den Inflationsschub der 1790er Jahre verringerte. Dagegen zeigt die Entwicklung in den verschiedenen Sektoren der Wirtschaft ein höchst heterogenes Bild.

Wie in ganz Europa im 17. Jahrhundert geriet auch die holländische Landwirtschaft in die Krise; jedoch setzte hier die Depression erst gegen Ende des Jahrhunderts ein und hielt noch bis ungefähr 1750 an. Insbesondere die Käsestädte Alkmaar und Gouda verzeichneten im beginnenden 18. Jahrhundert produktionsbedingte Einbußen des Käseumsatzes um 50%. Daß dies die Nation der Käsehändler, wie man die

Niederländer im Ausland bezeichnete, treffen mußte, ist offensichtlich. Die ländlichen Pachtpreise sanken, während ihr erneuter Anstieg nach 1750 die allgemeine Erholung der Agrarkonjunktur signalisiert. Damit einher ging ein weiterer Strukturwandel der Landwirtschaft, in dem der Kartoffelanbau zum einträglichsten Ackerbauzweig der Republik wurde. Weiter fällt in diese Zeit der Beginn der Haarlemer Blumenzucht, die zunehmend den Blumenbedarf in Bremen und Hamburg deckte.

Eine der Krisenbranchen im 18. Jahrhundert waren Heringsfischerei und Heringsverarbeitung. Der technologische Vorsprung hatte den Niederländern einen Preisvorteil gegeben, ohne daß Abstriche an der Qualität des Herings gemacht werden mußten. Dies galt jedoch nur so lange, bis die ausländischen Konkurrenten ihr Technologiedefizit bei Fang und Verarbeitung überwanden und den niederländischen Heringsabsatz drückten. Dann zog auch das Qualitätsargument nicht mehr, wie aus einem Dankschreiben George Washingtons von 1783 hervorgeht. Washington bedankte sich für die Zusendung von Hering durch die niederländische Patrioten-Partei und schrieb: „Ihr Hering schmeckt zweifellos besser als der unsrige, sei es wegen der besonderen niederländischen Art des Pökelns, oder weil der Fisch selbst fetter und köstlicher ist als der unsrige." Dennoch räumte Washington dem Absatz holländischer Heringe in Amerika nur geringe Chancen ein, da es im Atlantik von minderwertigen, aber eßbaren Heringen nur so wimmele.

Sehr widersprüchlich verlief die gewerbliche Entwicklung. Hier kontrastierten ausgesprochene Wachstumsbranchen mit anderen deutlich im Niedergang begriffenen Gewerbezweigen. Zu letzteren zählte neben der Bierbrauerei (mit einem Produktionsrückgang von 75% zwischen 1650 und 1806) vor allem das Textilgewerbe, von dem hier die *Leidsche Laakenindustrie* exemplarisch behandelt werden soll. Von den um 1670 jährlich produzierten 140 000 Stück Tuch waren um 1795 nur noch knapp 30 000 übriggeblieben. Die englische Konkurrenz hatte die *Leidsche Laakenindustrie* an die Wand gedrückt; denn die Engländer verfügten nicht nur über besseres Rohmaterial, sondern auch durch die Produktionsverlagerung auf das Land über billigere Arbeitskräfte als die Leidener Konkurrenten. Allein bei Luxus- und Qualitätsprodukten wie bei der Seide konnten sich die Niederländer behaupten.

Zu den expandierenden niederländischen Gewerbezweigen zählten die Tabakindustrie (vor allem in Rotterdam, dem Importhafen für Virginia-Tabake), die exportorientierte Branntweinbrennerei, die Papierherstellung sowie die Farbenindustrie, ohne daß hierfür aber quantitative Angaben verfügbar sind. Relativ lange, bis 1730/40, hat sich auch der holländische Schiffbau auf gleichbleibendem Niveau gehalten. Zwar ging der technologische Vorsprung auf dem Gebiet des Schiffbaus schon zu Beginn des 18. Jahrhunderts verloren, aber die Auftragsbücher der Werften waren noch voll. Um die Mitte des 18. Jahrhunderts dokumentierten dann die geringere Zahl von Werften und Sägemühlen sowie die zurückgehende Segeltuchproduktion, daß Holland aufgehört hatte, die Schiffswerft Europas zu sein.

Aufschluß über den Handel geben die Abgaben von der Waage und dem Rundmaß sowie die Zolleinnahmen der Admiralitäten in Amsterdam und Rotterdam. Die Zahlungen zeigen entgegen einem vielleicht zu erwartenden Niedergang eine große Stabilität des holländischen Handels im 18. Jahrhundert. Zwar ging die Einfuhr von Ostseegetreide zurück, aber auf dem Amsterdamer Markt wurde es durch englisches sowie nord- und südniederländisches Getreide ersetzt. Aber auch wenn wir uns bestimmte Handelsrichtungen genauer ansehen, ist z.B. beim Ostseehandel aufgrund der bisher noch wenig beachteten Galjotsgeldregister festzustellen, daß die Umsätze dort – von einer Flaute in den 1740er Jahren abgesehen – im übrigen 18. Jahrhundert zunahmen.

Darüber hinaus spiegeln die Amsterdamer und Rotterdamer Warenumschlagsdaten den niederländischen Handel nicht vollständig wider. Denn sie beziehen sich auf den Amsterdamer Stapelmarkt, während die wachsende *vorbijlandvaert,* der direkte Handelsaustausch zwischen Produzenten und Konsumenten außerhalb der Niederlande, davon nicht erfaßt wird, obgleich niederländische Schiffe einen erheblichen Teil dieser Fracht transportierten. Weiter schließen die Einnahmen aus Zöllen und Abgaben den Handel der *Verenigde Oost-Indische Compagnie* nicht mit ein, die als öffentliche Institution von Belastungen befreit war. Dabei wuchs der Handel der VOC durch das 18. Jahrhundert hindurch in Schwankungen an, was in der Schiffstonnage, im Wert der Importe aus Südostasien sowie in den Edelmetallsendungen nach Asien seinen Ausdruck fand. So nahm auch die Zahl der auf VOC-Schiffen tätigen Seeleute zu, wodurch z.B. die Arbeitsplatzverluste im Walfang ausgeglichen wurden. Auf Konstanz in der Schiffahrt verweisen auch die Tonnageschätzungen der Handelsflotte; hier werden für 1670 wie für 1780 rund 400000 Tonnen angenommen.

Ein verhältnismäßig neuer Bereich der niederländischen Wirtschaft, der im 18. Jahrhundert seine eigentliche Blüte erlebte, war der Finanzsektor. Waren die finanziellen Transaktionen im 17. Jahrhundert noch überwiegend mit dem Stapelmarkt verbunden gewesen – der ausgebaute Wechselverkehr diente der Verrechnung der Zahlungen mit „Negativbilanz"-Ländern –, so entstand im 18. Jahrhundert ein eigenständiger Amsterdamer Kapitalmarkt. Die notorische Geldknappheit der europäischen Mächte erforderte eine dauerhafte internationale Kreditstruktur, die allein die Holländer aufgrund ihres Liquiditätsüberhangs zur Verfügung stellen konnten. James Riley zeigt z.B. in seiner grundlegenden Studie über den Amsterdamer Kapitalmarkt, daß alle europäischen Konflikte, vom Österreichischen Erbfolgekrieg bis zu den Revolutionskriegen, zu einem erheblichen Teil durch niederländische Anleger finanziert wurden. Möglich wurde dies durch die hohe Sparquote der niederländischen Gesellschaft; hier wurden nach zeitgenössischen Schätzungen fünf Achtel bis drei Viertel der Einkünfte gespart. Großanleger verzeichneten so einen jährlichen Kapitalzuwachs zwischen 8 und 10%, wenn sie die Gewinne wieder investierten. Jedes Jahr flossen größere Summen niederländischen Kapitals ins Ausland: Während des Siebenjährigen Krieges ca. 14 Mio. Gulden jährlich, zwischen 1780 und 1793 jedes Jahr von neuem 20 Mio. Gulden, ohne daß sich die hin und wieder auftretenden Finanzkrisen dabei nachhaltig auswirkten. Die jährlichen Zinseinkünfte allein aus den Staatsanleihen wuchsen von 8 Mio. Gulden auf 22–30 Mio. Gulden zwischen 1763 und 1790 und machten rund 15 % des holländischen Sozialprodukts aus. Diese 15 % entsprachen ungefähr dem Wert, den wir für den Rückgang der holländischen Bruttoproduktion zwischen 1650 und 1805 ansetzen können. Unter Berücksichtigung des finanziellen Sektors dürfte daher das Sozialprodukt zumindest gleichgeblieben, wenn nicht sogar etwas gestiegen sein. Das nominale Pro-Kopf-Einkommen Hollands blieb konstant, während es sich real durch die Preissteigerungen des späten 18. Jahrhunderts verringerte.

Entsprechend trifft von den eingangs vorgestellten Hypothesen am ehesten diejenige von der Stagnation der Wirtschaft (Johan de Vries) zu. Jedoch sind die Niedergangssymptome nicht so deutlich, wie sie de Vries vor allem für die Zeit nach dem Vierten Englisch-Niederländischen Krieg angenommen hat. Nicht bestätigen lassen sich die Thesen vom starken Rückgang nach 1670 sowie vom durchgängigen Wirtschaftswachstum, obgleich in mehreren Sektoren der Wirtschaft deutliches Wachstum festzustellen war.

Die Gründe für die ökonomische Stagnation im 18. Jahrhundert sind sowohl in äußeren Hemmnisfaktoren als auch in inneren Wachstumsbarrieren zu suchen. Fast in allen Sektoren machte sich das Aufkommen der ausländischen Konkurrenz bemerkbar; diese traf die Niederländer am stärksten in den Bereichen, in denen sie auf ausländische Rohstoffe und fremde Absatzmärkte angewiesen waren. Denn die protektionistische Politik der merkantilistischen europäischen Staaten belastete oder verhinderte die Einfuhr niederländischer Gewerbeerzeugnisse, insbesondere von Textilien. In den Niederlanden dagegen fehlte eine Interessenidentität zwischen Handel und Gewerbe. Freihandel und Protektionismus gleichzeitig schlossen einander aus. Außerdem hatten die niederländischen Gewerbe längst ihre Konkurrenzfähigkeit eingebüßt und wurden auf den internationalen Märkten preislich unterboten. Hierbei wirkte sich vor allem der Faktor Lohnkosten negativ aus. Angesichts des hohen niederländischen Lohnniveaus konnte das ausländische Gewerbe durch die Standortverlagerung aufs Land Kostenvorteile erzielen.

Eine weitere innere Wachstumsbarriere war die agrarische Depression des späten 17. und beginnenden 18. Jahrhunderts. Sinkende Getreidepreise tangierten nicht nur die agrarischen Einkommen, sondern auch die hohe Produktivität der Landwirtschaft insgesamt. Diese konnte nämlich nur durch große Kapitalinvestitionen für Mechanisierung, Deichbau oder Entwässerung aufrechterhalten werden. Ebenso fehlte die Nachfrage nach billigen Massenerzeugnissen auf dem Binnenmarkt. Schon in den goldenen Jahren der Landwirtschaft hatten die Bauern vor allem Güter des gehobenen Bedarfs wie Möbel, Uhren, Schmuck, Kaffee, Tee, Gewürze, Zucker nachgefragt und damit den Absatz heimischer Gewerbe nur partiell gefördert. Im 18. Jahrhundert konkurrierten dann noch ausländische Erzeugnisse auf dem ohnehin schon eingeengten Binnenmarkt, so daß dieser dem einheimischen Gewerbe keinen Ersatz für die verlorengegangenen ausländischen Märkte bieten konnte.

3. Arbeitslosigkeit und sozialer Wandel

Das Nullwachstum der niederländischen Wirtschaft im 18. Jahrhundert hatte Auswirkungen auf die Gesellschaft. Der Urbanisierungsprozeß, der die niederländische Geschichte seit den burgundischen Zeiten geprägt hatte, ging zu Ende. In vielen Gebieten wie in den Textil- und Gewerbestädten Leiden, Delft und Haarlem sowie in den ehemaligen Zentren der Fischerei und Reederei Enkhuizen, Hoorn, Middelburg und Zierikzee setzte außerdem ein Bevölkerungsrückgang ein.

Einen Teil der Bevölkerung sogen die großen städtischen Zentren Amsterdam, Rotterdam und Den Haag auf, die auch im 18. Jahrhundert auf Kosten der genannten Städte wuchsen bzw. ihre Einwohnerzahl (durch Zuzug) zumindest stabil halten konnten. Gesellschaftlich bedeutete der Niedergang der

Tabelle 4: Die Bevölkerung in zehn Hafen- und Industriestädten, 1688–1815

	1688	1720	1732	1749	1795	1815
Amsterdam	200 000	220 000	220 000	200 000	200 000	180 000
Leiden	70 000	65 000	60 000	36 000	31 000	28 500
Rotterdam	50 000	45 000	45 000	44 000	57 500	59 000
Haarlem	50 000	45 000	40 000	26 000	21 000	17 500
Den Haag	30 000	–	38 000	–	–	38 000
Middelburg	30 000	–	–	25 000	20 146	13 000
Delft	24 000	20 000	20 000	13 910	14 500	12 850
Gouda	–	–	20 000	–	11 700	–
Enkhuizen	14 000	–	10 400	–	6 800	5 200
Zaandam	20 000	–	–	12 500	10 000	8 974

Quelle: Israel, S. 1007.

traditionellen Gewerbe- und Industriestädte einen Schlag für die städtischen Mittelschichten, insbesondere für die Handwerker. In Leiden verloren die wohlhabenden Färber, Bleicher und Weber ebenso wie die zahllosen Textilarbeiter und die von deren Nachfrage abhängigen Berufe wie Krämer, Bäcker, Fleischer, Gastwirte etc. an Einkommen. Die zunehmende Arbeitslosigkeit vertiefte die Kluft zwischen Arm und Reich. Während die Regenteneliten in den Städten als Rentiers sozusagen im Schlafe ständig wachsende Vermögen aus Kapitalerträgen akkumulierten, stellte 1772 die Zeitschrift *De Opmerker* fest: „Unsere Städte wimmeln von abgerissenen Leuten." Diese Armut war angesichts der stabilen Löhne eine Folge der Arbeitslosigkeit. Jedoch stellte die wachsende Arbeitslosigkeit nur eine der Erscheinungen auf dem Arbeitsmarkt dar. Zur selben Zeit ist eine intensivierte „Hollandgängerei" zu bemerken, d.h. Saisonarbeiter, die aus dem Nordwesten Deutschlands zum Torfstechen oder zur Heuernte in die Niederlande gingen, aber auch im Textilgewerbe arbeiteten. So beklagten sich die Haarlemer Seidenarbeiter (1739) darüber, daß ihnen Ausländer aus Deutschland die Arbeitsplätze wegnähmen. Auch in Leiden versuchten die Unternehmer, dem Kostendruck zu begegnen, indem sie – unter Umgehung der Zunftreglements – auswärtige und ausländische Arbeitskräfte anstellten. Darüber hinaus verstärkten sich auch die Klagen über den Mangel an Arbeitskräften in bestimmten Branchen. Der niederländische Arbeitsmarkt im 18. Jahrhundert war also ähnlich wie heute durch hohe Arbeitslosigkeit, akuten Arbeitskräftemangel in wenigen Sektoren sowie durch Arbeitsimmigration aus dem Ausland geprägt.

Außerhalb der traditionellen Gewerbe- und Reedereizentren in den westlichen Niederlanden entwickelten sich die Verhältnisse anders. Mit dem Aufschwung des Agrarsektors nach 1750 expandierte auch der Arbeitsmarkt wieder. Die Verlagerung der Textilindustrien von den holländischen Gewerbezentren in die östlichen und südlichen Landgebiete brachte dort der ländlichen Bevölkerung neue Arbeitsplätze. Die zunehmende Einbeziehung von Frauen und Kindern in den Arbeitsprozeß wirkte sich positiv auf das Familieneinkommen aus. Arbeitsplatzeinbußen im hochurbanisierten Holland wurden durch Wachstum im ländlichen Overijssel oder Drenthe kompensiert, wenn dies auch für einen arbeitslos gewordenen Leidener Wollkämmer keine reale Alternative darstellte. Aber auch dieser mußte nicht verhungern, denn die zahlreichen wohltätigen Stiftungen des Goldenen Zeitalters ermöglichten ihm das Überleben. Entsprechend lebte in der zweiten Jahrhunderthälfte eine wachsende Zahl der Bevölkerung von der Armenunterstützung: 1795, auf dem Höhepunkt der Entwicklung, waren dies 16 % der Amsterdamer Bevölkerung.

VI. Das Königreich der Niederlande

Die Niederlande erlebten im 19. Jahrhundert mehrere Metamorphosen sowohl in politischer und ökonomischer als auch in geographischer Hinsicht. Im Jahre 1806 wurde aus der Batavischen Republik ein Königreich unter Napoleons Bruder Louis Bonaparte. In der Endphase der napoleonischen Herrschaft annektierte Frankreich 1810 die Niederlande, um die Lückenlosigkeit der Kontinentalsperre gegen England zu gewährleisten. 1815, nach der Niederlage Napoleons, wurden die südlichen und nördlichen Niederlande erstmals wieder seit 1579 vereinigt, und Wilhelm VI. von Oranien nahm als Wilhelm I. (1815–40) den Titel König der Niederlande an. Jedoch dauerte die Länderehe nur bis zum europäischen Revolutionsjahr 1830, als Belgien gegen die holländische Dominanz revoltierte und die Unabhängigkeit erreichte. Seit dieser Zeit befand sich das kleine Königreich der Niederlande, das sich aber durch seinen großen asiatischen Kolonialbesitz von den anderen europäischen Mittelmächten unterschied, auf dem Weg zur konstitutionellen Monarchie und zum Industriestaat.

1. Struktureller Wandel

Wie überall im napoleonisch besetzten Europa brachte der französische Einfluß, unter dem die Batavische Republik wie auch die Niederlande als Königreich Holland (ab 1806) und als französisches Departement (ab 1810) standen, Reformen und einen Modernisierungsschub. Die wichtigste Reform war die Sanierung der Finanzen und der Abbau der Staatsverschuldung, die 1795 mit 760 Mio. Gulden bereits hoch gewesen war, aber in den darauffolgenden Jahren mit den finanziellen Anforderungen Frankreichs kontinuierlich wuchs (1804 : 1,126 Mrd. Gulden). 1806 wurde ein neues Steuersystem eingeführt, das den Schwerpunkt der Besteuerung erstmals in der niederländischen Geschichte von den indirekten auf die direkten Steuern legte. Die Akzisen auf die Nahrungsmittel, die die Unterschichten überproportional belastet hatten, wurden abgeschafft und statt dessen eine progressive Vermögenssteuer eingeführt. Gemessen und besteuert wurde das Vermögen nach der Hausmiete, der Anzahl der Bediensteten, Pferde und Herde sowie nach dem Mobiliar. Die Steuereinnahmen wuchsen schnell, auch wenn die Sanierung der Staatsfinanzen nur schrittweise gelang, weil die Kriegsereignisse immer höhere Ausgaben erforderten. Zu den wichtigsten Reformen gehörte die Schulreform, die jedoch unvollendet blieb. Immerhin entstand ein funktionierendes öffentliches Grundschulwesen.

Wesentlich waren auch die Strafrechtsreform sowie die Einführung des *Code Napoléon* als bürgerliches Gesetzbuch in der niederländischen Variante des *Burgerlijk Wetboek*. 1808 wurde mit den Gilden und Zünften außerdem ein wesentliches korporatives Element der alten Republik offiziell abgeschafft. Gewerbefreiheit war jetzt die Lösung. Nach der Annexion der Niederlande durch Frankreich wurden die Niederlande von den modernen zentralistischen Verwaltungsstrukturen Frankreichs überzogen, und damit gab es kaum mehr eine Rückkehr zur Republik.

Trotz dieser Modernität, die sich viele Patrioten seit der Französischen Revolution gewünscht hatten, löste die napoleonische Periode die grundlegenden ökonomischen Probleme nicht. Im Gegenteil, der Krieg gegen England, in den die Niederlande mit hineingezogen wurden, belastete weltweit Handel und Schiffahrt der Niederlande und damit auch die von kolonialen Importen abhängigen Gewerbe. Die zum großen Teil von den Briten besetzten Kolonien warfen keine Gewinne mehr ab. So mußte die niederländische Regierung, nachdem sie die Handelskompanien verstaatlicht hatte, bitter an deren Schulden tragen. Geringer waren die Einbußen im europäischen Handel, der sich zunehmend die Überlandrouten zunutze machte. Selbst während der Kontinentalsperre kam der Austausch mit Großbritannien nicht zum Erliegen. Einen kompletten Stillstand brachte erst die französische Annexion im Jahre 1810. Jedoch blieb diese nur drei Jahre bestehen.

Im November 1813 – einen Monat nach der Völkerschlacht bei Leipzig – revoltierten die Niederländer erfolgreich gegen die französische Herrschaft. Die führenden Protagonisten waren der ehemalige Rotterdamer Ratspensionär Gijsbert Karel van Hogendorp (1762–1834) und der Sohn des früheren Statthalters Wilhelm V., der künftige König Wilhelm I. Mit der Selbstbefreiung stärkte Holland seine Position im internationalen Mächtesystem und konnte daher auch bei der Neuordnung der europäischen Verhältnisse ein Wort mitreden. Hogendorp, der bereits während der französischen Besatzung den Entwurf einer niederländischen Verfassung vorgelegt hatte, gründete im Namen des Prinzen von Oranien eine provisorische Regierung und ging zielstrebig daran, seine Verfassungspläne in die Tat umzusetzen. Jedoch wurden seine Ideen durch die außenpolitischen Ereignisse überholt. Im Februar 1814 eroberten die Alliierten Brüssel und die südlichen Niederlande, die im Juli 1814 mit den nördlichen Niederlanden vereinigt wurden, um ein starkes Bollwerk gegenüber Frankreich zu bilden. Noch im gleichen Monat erhielten die Niederlande ihren Kolonialbesitz mit Ausnahme Ceylons, des Kaplandes und einiger karibischer Inseln zurück. Im März 1815 nahm Prinz Wilhelm den Titel König der Niederlande an. Belgien und die nördlichen Niederlande wurden wie einst zur burgundischen und habsburgischen Zeit unter einem Monarchen vereinigt.

Die politische Partizipation fand in zwei verschiedenen Kammern statt. Auf Wunsch der Belgier degradierte man die Generalstände zur Zweiten Kammer, deren Abgeordnete nach einem ständisch gegliederten Wahlmodus (Adel, Städte, Land) gewählt wurden. Ihnen vorangestellt wurde die Erste Kammer, in der vom König persönlich ernannte Notabeln saßen. Das Regierungssystem stellte damit eine Symbiose von bürgerlich-republikanischen Elementen des Nordens und adligständischen Elementen des Südens dar. Die Kompetenzen des Parlaments waren aber begrenzt, da die Steuern auf zehn Jahre bewilligt wurden, Gesetze auf dem Verordnungswege erlassen werden konnten und der Monarch die Richtlinien der Politik bestimmte. Von seiner Richtlinienkompetenz machte der

König in der Folgezeit tatkräftig Gebrauch. Er sah es nämlich als seine vordringliche Aufgabe an, nach der staatlichen Vereinigung auch die politische und nationale Einheit des Südens und des Nordens voranzutreiben. Dazu dienten ihm die Instrumente der Wirtschafts-, Schul- und Sprachenpolitik.

Am erfolgreichsten war dabei die Wirtschaftspolitik, die die industrielle Entwicklung (Textilien, Kohle, Metalle) des Südens und den Handel im Norden nach Kräften förderte. Als Fehlschläge erwiesen sich die gutgemeinten Versuche einer „Hollandisierung" Belgiens mit Hilfe von Schule und Sprache. Zwar gelang es dem König, durch Förderung des Grundschulunterrichts die Alphabetisierungsquote im Süden auf 50 % zu bringen, er scheiterte aber bei dem Versuch, das gymnasiale Unterrichtswesen der katholischen Kirche dem Staat zu unterstellen. Den größten Widerspruch provozierte die Einführung des Niederländischen als Gerichts- und Behördensprache in den Provinzen Limburg, Antwerpen, Ost- und Westflandern. Die französische Beschilderung wurde durch die niederländische ersetzt, und die Schüler mußten vor dem Gymnasiumsbesuch einen niederländischen Sprachnachweis erbringen. Gegen diese Maßnahme erhob sich in Flandern eine Petitionsbewegung, die Unterrichtsfreiheit, Pressefreiheit (zugunsten der unterdrückten katholischen Presse) und Sprachfreiheit forderte. Die Zugeständnisse der Regierung kamen zu spät. Im Revolutionsjahr 1830 fegte der Aufstand der Brüsseler Unterschichten, die von liberalen Bürgern ebenso wie von katholischen Geistlichen unterstützt wurden, das niederländische Regime hinweg.

Es entstand das unabhängige Belgien, und die Niederländer zogen sich auf ihr ursprüngliches Gebiet im Norden zurück. Der Versuch einer Wiederbelebung der burgundischen Reichseinheit hatte sich als Episode erwiesen. Von nun an gingen beide Länder ihre eigenen Wege. Unter König Wilhelm II. (1840–49) begann eine neue Ära der Niederlande, die im Revolutionsjahr 1848 zur parlamentarischen Monarchie führen sollte. Nach den Plänen Johan Rudolf Thorbeckes (1798–1872) entstand eine Verfassung, deren Kernpunkte ein Zwei-

Kammer-System, das Gesetzgebungs- und Haushaltsbewilligungsrecht des Parlaments sowie die Ministerverantwortlichkeit wurden. Der Grundrechtskatalog wurde um Versammlungsfreiheit, Unterrichtsfreiheit und Briefgeheimnis erweitert. Aus den Wahlen zur Zweiten Kammer – in die Erste Kammer wurden Vertreter der Provinzialstände gewählt – gingen die Liberalen als der große Sieger und Thorbecke als Ministerpräsident hervor.

Die folgenden drei Jahrzehnte waren durch den Ausbau des liberalen Nationalstaats Niederlande geprägt. Zu den gesetzgeberischen Leistungen gehörte das neue Wahlgesetz von 1850, das im Rahmen eines Zensuswahlrechts 11–12% der männlichen Bevölkerung (aber nur 2,6% der Gesamtbevölkerung) zu Wahlberechtigten machte und die politische Partizipation so Schritt für Schritt verwirklichte. Wesentlich war auch die gesetzliche Verwirklichung der Autonomie der Provinzen und Kommunen (Kommunalgesetz 1851), wodurch sich die Niederlande vom Zentralismus des Nachbarlandes Belgien unterschieden. Gleichzeitig wurden die Kommunalfinanzen auf eine neue Grundlage gestellt. Wie schon einmal unter der napoleonischen Herrschaft wurden anstelle der jahrhundertelangen Tradition lokaler Verbrauchssteuern (Akzisen) schrittweise – sozial verträglichere – direkte Steuern eingeführt und die Akzisen 1865 endgültig abgeschafft.

Weniger erfolgreich waren die Liberalen in der Bildungspolitik, die durch den sich verschärfenden konfessionellen Gegensatz blockiert wurde. Anlaß für den sogenannten Schulstreit war der Gesetzentwurf von 1854, der die staatliche überkonfessionelle Grundschule zum Modell erhob und zusätzlich die Einrichtung öffentlicher konfessionsgebundener Schulen gestattete. Hiergegen erhob sich ein Sturm der Entrüstung durch orthodoxe Calvinisten unter der Führung des „antirevolutionären" Historikers und Publizisten Guillaume Groen van Prinsterer (1801–76). In Petitionen wurde für jede Konfession eine eigene öffentliche Bekenntnisschule gefordert, wofür man Unterstützung bei König Wilhelm III. (1849–90) fand.

Erst 1857 konnte daher die staatliche überkonfessionelle Grundschule durchgesetzt werden, die sich in der Folgezeit gegenüber den zahlreichen freien, d.h. konfessionellen Schulgründungen als überlegen erwies: Um 1870 gab es in den Niederlanden ca. 3800 Grundschulen, von denen sich 2800 in staatlicher und 1000 in freier Trägerschaft befanden. Nur 200 davon können als orthodox-calvinistische Schulen im Sinne der Groenschen Ideen angesehen werden.

Trotzdem ließen die „Antirevolutionären" im Schulstreit nicht locker. Als im Grundschulgesetz von 1878 nicht nur Schulgebäude und Lehrerausbildung verbessert wurden, sondern auch die gesamtstaatliche Schulaufsicht anstelle der kommunalen trat, entfesselten die Antirevolutionären erneut einen Petitionssturm für die *School met de Bijbel*. Sie blieben in der Schulfrage ohne Erfolg, was aber letztlich für ihre politische Geschlossenheit ein Vorteil war. Die orthodoxen Calvinisten schlossen sich unter der Führung des Pfarrers Abraham Kuyper (1837–1920) zusammen und organisierten sich 1879 als Antirevolutionäre Partei (ARP) mit festumrissenem Parteiprogramm. In der Folgezeit mußte sich die ARP mit einer Reihe von Parteiabspaltungen und -neugründungen auseinandersetzen. Dauerhafte politische Bedeutung erlangte aber nur die 1908 aus der Fusion zweier Splitterparteien hervorgegangene Christlich Historische Union (CHU). Bei den Katholiken verlief die politische Organisation erheblich langsamer. 1896 einigten sich die katholischen Wählervereinigungen unter der Führung des Priesters Herman Schaepman (1844–1903) auf ein gemeinsames Programm, während die Organisation auf nationaler Ebene erst 1904 im Allgemeinen Verband Römisch-Katholischer Wählergemeinschaften gelang.

Die politische Organisation der Arbeiterschaft machte als Folge des verspäteten Industrialisierungsprozesses ebenfalls nur langsame Fortschritte. So schlossen sich im Jahre 1871 Diamantschleifer, Handwerker und Drucker zum Allgemeinen Niederländischen Werktätigenverband (ANWV) zusammen, der die Verbesserung der materiellen Lage sowie die politische Partizipation durchzusetzen versuchte. Neben diesem liberalen Verein führten sozialistische Gruppierungen ein Schattendasein, aus dem sich 1881 als erster der Sozialdemokratische Bund (SDB) heraushob. Streit um die Strategien und die politischen Ziele führten 1894 zur Spaltung und zur Gründung der Sozialdemokratischen Arbeiterpartei (SDAP), die die Auseinandersetzung auf den politischen Kampf konzentrierte und das allgemeine Wahlrecht an die Spitze ihres Wahlprogramms stellte.

Bei den Liberalen stand die politische Organisation in augenfälligem Kontrast zu ihrer politischen Bedeutung. Obwohl die Liberalen in der zweiten Jahrhunderthälfte die Politik maßgeblich prägten, kam es erst 1885 zum Zusammenschluß der Liberalen Union, an der sich aber nicht alle lokalen Verbände beteiligten. Abspaltungen, Neugründungen und Fusionen ließen zu Beginn des 20. Jahrhunderts den Freisinnig Demokratischen Bund (VDB) und den Bund der Freien Liberalen entstehen.

Die Haltung der verschiedenen Parteien zu der zentralen Frage des Wahlrechts war uneinheitlich. Während die Sozialdemokraten, die durch das Zensuswahlrecht lange Zeit von der parlamentarischen Beteiligung ausgeschlossen waren, das allgemeine freie Wahlrecht forderten, plädierten die anderen Parteien für eine Senkung des Zensus. Die Wahlrechtsveränderungen von 1887 machten dann auch persönliche Eignung und Status zur Grundlage für die Ausübung des Wahlrechts und erweiterten so den Kreis der Wählerschaft auf 13,9 %, im Jahre 1896 sogar auf 49 % der Bevölkerung. Das allgemeine Wahlrecht wurde aber erst 1917 für Männer und zwei Jahre später (1919) auch für Frauen eingeführt. Weitere Errungenschaften des niederländischen Gesetzgebers waren die Einführung der Schulpflicht (1900) und Ansätze einer Sozialgesetzgebung, die die Frauen- und Kinderarbeit auf 11 Stunden täglich „einschränkte" (1889), die Sonntagsarbeit verbot und schließlich Unfallschutz (1898) gewährte.

In diese Ausgangsjahre des 19. Jahrhunderts fallen auch die Anfänge eines politisch-gesellschaftlichen Phänomens, das man später als „Versäulung" *(verzuiling)* bezeichnet hat. Da Calvinisten und Katholiken in dieser Zeit daran gingen, mit und ohne staatliche Unterstützung eigene Schulen – später auch Hochschulen (Vrije Universiteit Amsterdam, Katholieke Universiteit Nijmegen) – sowie Sozialeinrichtungen zu gründen, entstanden um die christlichen Parteien herum organisierte Milieus, in denen sich die verschiedenen Bevölkerungsgruppen voneinander abkapselten. Die nicht konfessionell ausgerichteten Parteien wie die Sozialdemokraten organisierten ebenfalls gleichartige Netzwerke. So wuchsen in den Niederlanden protestantische, katholische, sozialistische und schließlich sogar liberale Säulen, die das eigene Milieu stabilisierten und damit auch gemeinsam das Staatsgebäude der Niederlande trugen.

2. Von der Handelsnation zum Industriestaat

Die wirtschaftliche Entwicklung der Niederlande im 19. Jahrhundert brachte die langsame Transformation der Handelsnation in einen Industriestaat mit bedeutendem Dienstleistungssektor. Nach der Beschäftigung der Niederländer zu urteilen, waren die drei Sektoren der Wirtschaft mit jeweils einem Drittel der arbeitenden Bevölkerung nahezu gleichbedeutend. Dennoch zeigen die Sektoren unterschiedlich hohe Wachstumsraten.

Während die niederländische Landwirtschaft bereits zu Beginn des 19. Jahrhunderts – verglichen mit den meisten anderen europäischen Ländern – eine hohe Produktivität aufwies und im Laufe des Jahrhunderts nur noch wenig wuchs, übertraf das Wachstum des sekundären Sektors deutlich die anderen Sektoren. Ein Teil dieses Wachstums verdankte die Industrie dem Kolonialhandel, von dem Zuckerraffinerien, Schiffbau und verwandte Industrien ebenso profitierten wie die Textilindustrie. Neue Industrien in der Nahrungsmittelbranche wie in der Investitionsgüterbranche entstanden aber erst in den 1890er Jahren und bewirkten zusammen mit der chemischen Industrie industrielles Wachstum in großem Stil.

Der tertiäre Sektor trug von allen Sektoren am meisten zum niederländischen Sozialprodukt bei. Obwohl dieser Sektor neben Handel und Transport auch Banken, Versicherungen, den öffentlichen Dienst und die Hausangestellten umfaßte, beruhte sein Wachstum in der ersten Hälfte des 19. Jahrhunderts vor allem auf dem boomenden Kolonialhandel. Dieser war durch das neue Zwangsanbausystem des *Cultuurstelsel*, in dem die Einheimischen Kaffee, Zucker und Indigo für den Weltmarkt anbauen mußten, stimuliert worden (Vgl. Kap. VI, 3). Mit dem Handel wuchs der durch hohe Frachtraten subventionierte Schiffsverkehr. Zum weiteren Wachstum in der zweiten Hälfte des 19. Jahrhunderts trugen dann vor allem Verbesserungen im inländischen Verkehr und in der Kommunikation bei. Hierzu gehörten der Kanal-, später aber auch der Eisenbahnbau und der Dampfschiffverkehr die in erheblichem Maße durch die industrielle Entwicklung des Ruhrgebiets stimuliert wurden.

Eine der zentralen Fragen der niederländischen Industrialisierung konzentriert sich auf den im europäischen Vergleich späten Beginn. Warum entstanden mechanisierte Großunternehmen erst im letzten Jahrzehnt des 19. Jahrhunderts? Ausschlaggebend hierfür waren vor allem die hohen Produktionskosten. In den Niederlanden fehlten Kohlevorkommen und ein leistungsfähiger Maschinenbau ebenso wie die Eisenbahn als Transportsystem, so daß Kohle und Maschinen hier teurer als anderswo waren. Deshalb hat vor allem die späte Entwicklung der Eisenbahn die Historiker beschäftigt, zumal die Eisenbahn z.B. im Nachbarland Deutschland den Führungssektor der Industrialisierung darstellte. Grundsätzlich machten die naturräumlichen Verhältnisse den Eisenbahnbau sehr teuer im Vergleich zu dem bereits existierenden Binnenschiffahrtsnetz. Die Betreiber und Aktionäre der Eisenbahngesellschaften hatten dementsprechend nur geringe Gewinnerwartungen, was ihre Investitionsneigung nicht gerade vergrößerte. Entsprechend setzten die niederländischen Investoren nicht aus Rückständigkeit oder wegen fehlender Unternehmergewinne, wie in der älteren Literatur behauptet wird, sondern weil sie rational kalkulierten, andere Investitionsschwerpunkte, z. B. im Dienstleistungs- aber auch im Agrarbereich, die den Niederlanden einen erfolgreichen eigenständigen Weg der wirtschaftlichen Entwicklung ermöglichten.

3. Koloniale Welt in Niederländisch-Indien

Als die *Verenigde Oost-Indische Compagnie* 1798 verstaatlicht wurde, übernahm der niederländische Staat kaum mehr als einen Schuldenberg von 140 Mio. Gulden. Erst im Jahre 1816, nachdem die Engländer die Kolonien an das Königreich der Niederlande zurückgegeben hatten, war an eine Nutzung durch das Mutterland zu denken. Militärische Expeditionen zur „Befriedung" Javas verschlangen weitere Millionen, so daß die Kolonien als Faß ohne Boden erschienen. In dieser von ökonomischen Überlegungen dominierten Situation faßte der spätere Generalgouverneur und Kolonialminister Johannes van den Bosch (1780–1844) den Plan zur Vermarktung der javanischen Agrarproduktion. Er führte dazu ein neues (Zwangs-)Anbausystem, das *Cultuurstelsel*, ein. Von nun an hatten die javanischen Bauern ein Fünftel ihrer Arbeitszeit und ein Fünftel ihres Landes für die Produktion marktgängiger Kolonialprodukte wie Kaffee, Zucker und Indigo bereitzustellen. Ihre bisherigen Geldzahlungen wurden reduziert, und für die angebauten Produkte wurden sie mit einem Teil der Ernte entlohnt. Die tropischen Agrarprodukte wurden von der eigens zu diesem Zweck gegründeten staatlichen Handelsgesellschaft *(Nederlandsche Handelsmaatschappij)* per Schiff nach Amsterdam gebracht und dort vermarktet. Das ganze System war ein riesiges Geschäft für den niederländischen Staat.

Auf dem Höhepunkt der Entwicklung zwischen 1856 und 1866 brachte das *Cultuurstelsel* jährlich 30 Mio. Gulden (bei einem Gesamthaushalt von 110 Mio. Gulden) in die Staatskasse. Mit diesen zusätzlichen Einnahmen wurden Infrastrukturmaßnahmen wie Kanäle, Straßen und Eisenbahnen finanziert. Darüber hinaus bedeutete das System gleichsam eine Subventionierung der Handelsschiffahrt und des niederländischen Schiffbaus. Trotz dieses ökonomischen Erfolgs wurden das Monopolsystem von liberalen Kräften zunehmend in Frage gestellt und der indonesische Archipel seit 1870 für private Unternehmer geöffnet.

Kritik am Kolonialsystem war sowohl in Kreisen der Kirchen als auch von „Nestbeschmutzern" der niederländischen Kolonialverwaltung geäußert worden. Theologen wie der Baron van Hoëvell (1812–79), der elf Jahre als Pfarrer in Batavia tätig gewesen war, wiesen auf die moralische Schuld hin, die die Niederländer auf sich luden, wenn sie die Javaner weiterhin weder in der christlichen Religion noch in der niederländischen Sprache unterwiesen. Van Hoëvell hoffte auf eine niederländisch-indonesische Interessengemeinschaft, die gleichermaßen von christlichen und ökonomischen Motiven geleitet sein sollte. Ein erster Schritt auf diesem Weg war dann die Übersetzung des neuen Testaments in das Javanische (1853). Weit größere Resonanz fand der ehemalige Kolonialbeamte Eduard Douwes Dekker (1820–87), der unter dem Pseudonym Multatuli (lat. „ich habe viel ertragen") den Roman *Max Havelaar,* ein Meisterwerk der niederländischen Literatur des 19. Jahrhunderts, schrieb. Im Zentrum seiner Kritik stand die Ausbeutung der javanischen Bevölkerung durch die einheimischen Würdenträger, die Regenten, die im Auftrag der Niederländer das *Cultuurstelsel* überwachten und an dem daraus fließenden Gewinn beteiligt waren:

„Mir bleibt noch zu sprechen über die letzte und wichtigste Art des Einkommens einheimischer Häupter: das willkürliche Verfügen über die Personen und Eigentum ihrer Untergebenen. Nach der allgemeinen Auffassung in fast ganz Asien gehört der Untertan mit allem, was er besitzt, dem Fürsten. Das ist auch auf Java der Fall, und die Nachfahren oder Verwandten der ehemaligen Fürsten machen gern Gebrauch von der Unkenntnis der Bevölkerung, die nicht recht versteht, daß sein *Tommongong* oder *Adhipatti* oder *Pangerang* jetzt ein *besoldeter Beamter* ist, der seine eigenen Rechte und die des Volkes für ein bestimmtes Einkommen verkauft hat, und daß folglich die spärlich belohnte Arbeit in Kaffeeplantagen oder auf dem

Zuckerfeld an die Stelle der Steuern getreten ist, die früher durch die Herren des Landes von den Bewohnern gefordert wurden. Nichts ist also alltäglicher, als daß Hunderte von Familien von sehr weit her aufgerufen werden, *unentgeltlich* Felder zu bearbeiten, die dem Regenten gehören."

Das von Multatuli gezeichnete Bild hat lange Zeit auch die Historiker geprägt, die die negativen Folgen des *Cultuurstelsel* für das javanische Dorf hervorhoben. Inzwischen haben Regionalstudien die großen Unterschiede von Dorf zu Dorf, von Region zu Region zutage gebracht, die William O'Malley wie folgt zusammenfaßt: „Das System war gut für bestimmte Indonesier an bestimmten Orten mit bestimmten Anbauprodukten und schlecht für andere."

Die Öffnung des Indonesienhandels für private Unternehmer im Jahre 1870 stand mit dem liberalen Zeitgeist im Einklang, der auch in Südostasien den Marktkräften ihren ungehinderten Lauf lassen wollte. Sie kann aber auch als Konsequenz aus der Eröffnung des Suez-Kanals 1869 gesehen werden (Kossmann). Auf Java wurden Plantagen gegründet, die schon bald den größten Teil der Agrarprodukte für den Export lieferten. Zahlreiche Unternehmen wurden gegründet, zuerst Banken und Versicherungen, dann Dampfschiff- und Eisenbahn-Gesellschaften und am Ende des 19. Jahrhunderts vor allem Bergbau-Gesellschaften zur Erschließung der Öl-, Gold-, Silber und Kohlelager. Das bedeutendste dieser Unternehmen war *Royal Dutch Shell,* das 1907 aus der Fusion der beiden gleichnamigen Ölgesellschaften entstand.

Während sie im ökonomischen Bereich die Zügel locker ließ, zielte die Kolonialregierung im politischen Bereich auf die Intensivierung der niederländischen Herrschaft auch auf den übrigen Inseln des indonesischen Archipels (Borneo, Sumatra, Celebes, Bali). Die Durchsetzung der niederländischen Oberhoheit sollte sich als schwieriges Unterfangen erweisen. Insbesondere der langwierige Krieg gegen das Sultanat Aceh (1879–1903) im Westen Sumatras, das durch seine Politik die internationale Schiffahrt bedrohte, verschlang jährlich 7 Mio. Gulden. So war es nur eine Frage der Zeit, bis die niederländischen Unternehmer in Indonesien mit Hilfe einer Einkommensteuer (1908) zur Kasse gebeten wurden. 1910 war die direkte niederländische Herrschaft über den indonesischen Archipel hergestellt, von dem aber zahlreiche Gebiete den Status einer autonomen Region erhielten.

Zur gleichen Zeit bekam die Kolonialpolitik unter dem Zeichen einer „ethischen Politik" einen neuen Anstrich. In ihrer Thronrede 1901 formulierte Königin Wilhelmina (1890–1948) erstmals eine „sittliche Verpflichtung" gegenüber der einheimischen Bevölkerung des Archipels, die künftig zur Richtschnur der Kolonialpolitik werden sollte. Praktisch wirksam wurde die neue Politik in Bewässerungsprojekten zur Steigerung der Reisproduktion für eine wachsende Bevölkerung sowie in der Verbesserung der schulischen Erziehung. 1907 wurde ein neuer Schultyp, die Dorfschule mit 3 Schuljahren, eingeführt, die bis 1940 rund 2 Mio. Schüler besuchten. Das war aber nur die Hälfte aller schulpflichtigen Kinder. Ein weiteres Problem war der Unterricht in den regionalen Sprachen. Niederländisch wurde bewußt nicht gelehrt, um die Mobilität der einheimischen Bevölkerung nicht zu fördern. Nur einer kleinen indonesischen Elite gestanden die Kolonialherren das Privileg des niederländischen Sprachunterrichts zu. Dennoch wurden nationale Vereinigungen, die sich wie Budi Utomo (1908) der Bildung der Einheimischen und der Pflege ihrer Kultur widmeten, oder sogar nationalreligiöse Bewegungen wie Sarekat Islam (1912) als notwendige Übel geduldet. Sie bereiteten wie vergleichbare Organisationen der Chinesen und Inder das „asiatische Erwachen" Indonesiens vor, ohne vor 1914 schon nach Unabhängigkeit zu streben.

Zum Abschluß dieses Kapitels ist zu fragen, inwieweit sich die niederländische Kolonialpolitik des ausgehenden 19. Jahrhunderts in die Phase des europäischen Imperialismus einordnete. Unter Imperialismus verstehen wir die Bemühungen der europäischen Großmächte, der USA und Japans (seit ca. 1880), sich andere Teile der Erde anzugliedern und für politische wie ökonomische Zwecke nutzbar zu machen. Dazu gehörte einerseits der Einsatz der Kolonien im internationalen

Mächtespiel, d.h. der weltweiten Rivalität der Großmächte (Friedjung), und andererseits die Schaffung von Absatzgebieten und Kapitalexportmöglichkeiten in den Kolonien (Hobson).

Entsprechend wird auch von niederländischen Historikern wie Theo van Tijn der Übergang zu einer aggressiveren – auf die Beherrschung der nicht-javanischen Gebiete des Archipels zielenden – Politik in den 1870er Jahren mit dem Interesse privater Investoren in einem imperialistischen Umfeld erklärt. Dagegen hebt Maarten Kuitenbrouwer die politischen Motive der niederländischen Kolonialpolitik hervor, die im internationalen Mächtespiel kaum eine Alternative zur herrschaftlichen Durchdringung der niederländischen „Outer Territories" Sumatra, Bali, Borneo und Celebes hatte. Dennoch unterschied sich die Kolonialmacht Niederlande in mehrfacher Hinsicht fundamental von ihren imperialistischen Nachbarn.

Weder stellte der indonesische Archipel einen aufnahmefähigen Absatzmarkt für die Produkte der gerade entstehenden niederländischen Industrie dar, noch konnte der Kleinstaat Niederlande seinen relativ großen Kolonialbesitz als Pfand im Mächtespiel der Großmächte einsetzen. Im Gegenteil, als England und Frankreich Afrika weitgehend unter sich aufteilten, verzichteten die Niederlande dort auf ein aktives Engagement trotz ihrer Handelsambitionen im Kongo und ihrer nationalen Interessen am Kap. Die Niederlande konnten die Rolle einer imperialistischen Macht nicht mitspielen, sie blieben aber noch immer die drittgrößte Kolonialmacht (hinter Großbritannien und Frankreich) und noch vor Portugal.

VII. Die Niederlande in Europa

Im 20. Jahrhundert wurde die niederländische Politik endgültig auf ein europäisches Betätigungsfeld reduziert. Konnten sich die Niederlande durch ihre strikte Neutralität noch aus den Ereignissen des Ersten Weltkrieges heraushalten, so traf sie der Zweite Weltkrieg mit der deutschen Besetzung sowie der japanischen Eroberung und dem anschließenden Verlust Indonesiens bis ins Mark ihrer Existenz. Dennoch überlebte die stabile parlamentarische Demokratie, die sich nach dem Ersten Weltkrieg – begünstigt durch die gesellschaftliche Versäulung – gebildet hatte. Nach dem Krieg knüpften die alten politischen Parteien an die Vorkriegstradition an oder kehrten unter neuem Namen zurück. Es entstand der niederländische Wohlfahrtsstaat, der Wohlstand für alle mit relativ viel Liberalität und Toleranz verband und bis heute eine wichtige Rolle im Prozeß der europäischen Integration spielt.

1. Die Entstehung der parlamentarischen Demokratie

Anders als Belgien, dessen Neutralität durch Deutschland verletzt wurde, gelang es den Niederlanden, ihre strikte Neutralitätspolitik durch den gesamten Ersten Weltkrieg hindurch zu erhalten. Sie waren daher auch nicht mit den das übrige Europa beherrschenden Problemen der Kriegs- und Nachkriegszeit, d.h. mit Zerstörung und Wiederaufbau, Kriegsschulden und Reparationen konfrontiert, sondern konnten in innerer Ruhe die konstitutionelle Monarchie als parlamentarische Demokratie ausbauen. Grundlagen hierfür waren die Einführung des allgemeinen Wahlrechts für Männer (1917) und Frauen (1919) sowie der Übergang zum Verhältniswahlrecht (1922). Das Verhältniswahlrecht ermöglichte es auch kleinen politischen Gruppierungen mit einem Stimmenanteil von 1 % ein Mandat im Parlament (100 Sitze) zu erringen, so daß in der Zwischenkriegszeit neben den großen Parteien viele kleine Splittergruppen im Parlament vertreten waren. Dennoch stellte sich in den Niederlanden die aus der Weimarer Republik bekannte Instabilität nicht ein, da die konfessionellen Parteien zusammen die absolute Mehrheit behaupteten und christliche Regierungskoalitionen politisch die Zwischenkriegszeit dominierten. Auch die Stabilität der Regierungen war – verglichen mit Weimar – erstaunlich groß. Obwohl in den 21 Jahren zwischen 1918 und 1939 zehn Kabinette regierten, amtierten der erste katholische Ministerpräsident Charles Joseph Maria Ruys de Beerenbrouck (1873–1936) elf Jahre, sein Nachfolger, der ARP-Führer Hendrik Colijn (1869–1944), sechs Jahre und Dirk Jan de Geer (1870–1960) von der CHU schließlich vier Jahre. Daß ein Katholik Ministerpräsident werden konnte, lag an den im Vergleich zur Vorkriegszeit veränderten parlamentarischen Mehrheitsverhältnissen.

Die stärkste Kraft war jetzt die 1926 neuorganisierte Römisch-Katholische Staatspartei (RKSP), die mit 28–32 Sitzen deutlich vor den protestantischen Parteien, der Antirevolutionären Partei (ARP, 12–17 Sitze) und der Christlich Historischen Union (CHU, 7–11 Sitze) lag. Trotz der zahlenmäßigen katholischen Parlamentsmehrheit bestimmten in den protestantisch-katholischen Koalitionen in der Regel die Protestanten die Richtung. Daher hat man sich lange gefragt, was die RKSP dazu trieb, sich in Koalitionen mit dem konfessionellen Gegner einzulassen. Zusammen schmiedete die christlichen Partner sicher die Furcht vor einer Machtbeteiligung der „Roten", der SDAP, die man trotz ihrer parlamentarischen Bedeutung – sie war die zweitstärkste Parlamentspartei – bis 1939 erfolgreich von der Regierungsverantwortung fernhielt. Das Hauptmotiv der katholischen Regierungsbeteiligung war aber die Sicherung und Stärkung der katholischen Säule der Gesellschaft mit ihren Schulen, Gewerkschaften und anderen Gemeinschaften.

Am enttäuschendsten verliefen die ersten Jahrzehnte der niederländischen Demokratie für die Sozialdemokratie und die sozialistische Arbeiterbewegung. Im November 1918 hatte der Sozialistenführer Pieter Jelles Troelstra (1860–1930) noch verkündet, daß die Revolution und die Abdankung der Bourgeoisie unmittelbar bevorstünden. Aber nichts dergleichen trat ein. Die SDAP brauchte Jahre, um sich von diesem revolutionären Irrtum und dem damit verbundenen Ansehensverlust in der Arbeiterschaft zu erholen. Die Arbeiterschaft blieb auch weiterhin ihrem jeweiligen konfessionellen Milieu und den entsprechenden Parteien und Gewerkschaften verhaftet. Noch 1939 standen den 306 000 im sozialistischen Niederländischen Gewerkschaftsverband (NVV) organisierten Arbeitern 291 000 Mitglieder der katholischen und protestantischen Gewerkschaften gegenüber. Regierungsverantwortung erlangte die SDAP zum ersten Mal in ihrer Geschichte durch einen innenpolitischen Schachzug des Ministerpräsidenten Dirk Jan de Geer, der angesichts der Abwanderungsgelüste der RKSP der SDAP zur Stabilisierung seiner Regierung zwei Ministerposten anbot.

Faschistische Organisationen kamen ebenso wie die unbedeutende Kommunistische Partei (CPN) in den 20er und 30er Jahren über den Status von Splittergruppen nicht hinaus. Einen kurzfristigen Aufschwung nahm allein die im Jahre 1931 von Anton Mussert (1894–1946) gegründete nationalsozialistische Bewegung (NSB), deren Mitgliederstand von 1 000 (1933) auf 52 000 (1936) stieg, damit aber zugleich auch ihren höchsten Stand erreichte. Von da an ging es mit der Mitgliederzahl bergab, und auch das gute Wahlergebnis von durchschnittlich 8% in den Landtagswahlen der Provinzen (1935) war bei der nächsten Wahl (1939) nicht zu halten. Die konfessionellen Parteien verständigten sich mit ihren Kirchen, die den Gläubigen die Mitgliedschaft in der NSB verboten. Die daraufhin einsetzende Radikalisierung der NSB und der Übergang zur offenen antisemitischen Propaganda isolierten die NSB vollends in der niederländischen Gesellschaft, so daß die Nationalsozialisten erst als Hilfstruppe der deutschen Besatzer eine neue traurige Bedeutung gewannen.

2. Die Weltwirtschaftskrise

Die 20er Jahre sollten sich für die niederländische Wirtschaft als wahrlich golden erweisen. Zwischen 1923 und 1929 wuchs das Sozialprodukt jährlich um 5%, wozu das Wachstum von Industrie und Agrarproduktion ebenso wie die Zunahme des Handels und der Dienstleistungen (Transport, Schiffahrt, Güterumschlag der Häfen) wesentlich beitrugen. Gespeist wurde dieser Aufschwung in allen Sektoren durch einen steigenden binnenländischen privaten Konsum einerseits und die ausländische Nachfrage nach niederländischen Erzeugnissen andererseits. Da die Nachbarländer Frankreich, Belgien und Deutschland mit dem Wiederaufbau beschäftigt waren, nahmen der im ausgehenden 19. Jahrhundert zurückgegangene Anteil der Niederlande am Welthandel und damit die Integration der niederländischen Wirtschaft in die Weltwirtschaft wieder zu.

Aus diesem Grund wurde die offene Ökonomie der Niederlande bereits relativ früh von den sich anbahnenden Turbulenzen der Weltwirtschaft erfaßt. Niederländische Kapitalbesitzer hatten in den 20er Jahren ebenso wie Amerikaner und Engländer den Ländern Mitteleuropas Kredite gewährt, die diese mit den Erlösen aus ihren Rohstoff-, Agrar- und Nahrungsmittelexporten verzinsten und tilgten. Als die USA nach dem New Yorker Börsenkrach des Schwarzen Freitags (24.10.1929) die europäischen Darlehen kündigten und ihre Importe drosselten, leitete das den Run auf die europäischen und auch auf die südamerikanischen Schuldnerländer ein. Diese versuchten, durch Abwertung ihrer Währungen und durch Steigerung ihrer Agrar- und Rohstoffexporte der Zahlungsunfähigkeit zu entgehen. Die Agrarpreise fielen, der Handel mit Agrarprodukten und Rohstoffen brach zusammen, und die Schuldnerländer waren nicht länger in der Lage, ihre Schulden zu tilgen.

Das Gespenst des Protektionismus griff um sich. Die Niederlande waren hiervon in mehrfacher Hinsicht betroffen. Zum einen verknappte der amerikanische Kapitalabzug das

Geld in den Niederlanden selbst, zum anderen versuchten niederländische Banken, sich und ihre mitteleuropäischen Kredite zu retten und verschärften so ihrerseits im Frühjahr und Sommer 1931 die Bankenkrise in Österreich und Deutschland. Am stärksten traf schließlich der Verfall der Agrarpreise und des internationalen Agrarmarktes die niederländische Wirtschaft. Die exportorientierte Landwirtschaft geriet in eine schwere Krise. Die Produzenten von Getreide, Kartoffeln und Zuckerrüben machten Verluste und riefen den niederländischen Staat um Hilfe, die dieser in Gestalt des Ministerpräsidenten Ruys de Beerenbrouck unter Hinweis auf die Freihandelspolitik der Regierung weit von sich wies. Neben der Landwirtschaft litten die Schiffahrt und der Güterumschlag der Häfen am stärksten unter der Handelskontraktion der Weltwirtschaftskrise. Die Preise für Industrieerzeugnisse fielen zwar nicht so dramatisch wie die landwirtschaftlichen Erzeugerpreise, aber hier reichte bereits ein kleiner Rückgang, um die Industrieproduktion aufgrund steigender Kapitalkosten und hoher Löhne unrentabel bzw. konkurrenzunfähig zu machen.

Die Arbeitslosigkeit wuchs von 100000 Erwerbslosen (1929) auf 480000 (1936), was einen Anstieg der Arbeitslosenquote von 3,4% auf 17,4% bedeutete. Die Regierung, die den freien Kräften des Marktes vertraute, sah ihre Hauptaufgabe darin, die dafür notwendigen Rahmenbedingungen zu schaffen. Ähnlich wie die Regierung Brüning im Deutschen Reich versuchte man, durch eine kompromißlose Deflationspolitik im Innern die Preise zu senken und so die internationale Konkurrenzfähigkeit der niederländischen Industrie wiederherzustellen. Mindestens ebenso wichtig erschien der Regierung die Konsolidierung der öffentlichen Haushalte und der Ausgleich der Zahlungsbilanz zur Stabilisierung des niederländischen Guldens. Der beschäftigungspolitische Effekt blieb gering, so daß sich die Regierung ab 1933 zu Stützungsmaßnahmen für die Binnenschiffahrt, zur Subventionierung der Landwirtschaft und 1934 schließlich zur Auflage von Arbeitsbeschaffungsprogrammen gezwungen sah. Letztere waren aber nicht viel mehr als der berühmte Tropfen auf den heißen Stein, da bis 1938 nicht mehr als 15 000 Arbeitslose in diesen öffentlichen Beschaffungsmaßnahmen beschäftigt wurden. Ungefähr doppelt so viele wurden als Bauarbeiter und Landarbeiter in das im Aufrüstungsprozeß begriffene Deutsche Reich expediert, was vor allem bei den Gewerkschaften und der SDAP große Entrüstung hervorrief. Die Masse der Arbeitslosen lebte von der Arbeitslosenunterstützung, die aber nur die menschlichen Grundbedürfnisse Ernährung und Behausung absicherte. Trotz der partiellen Verarmung der niederländischen Bevölkerung und der vergrößerten Kluft zwischen Arm und Reich profitierten – anders als in Deutschland – weder die Kommunisten noch die Nationalsozialisten stärker von der ökonomisch und sozial angespannten Situation.

Für die niederländischen Historiker stellen die Jahre der Weltwirtschaftskrise noch immer eine intensiv diskutierte Epoche dar. Ähnlich wie in der deutschen Debatte um die Zwangslagen und Handlungsspielräume der Regierung Brüning, in der die Frage im Mittelpunkt steht, ob Hitlers Machtergreifung durch eine andere Politik Brünings hätte vermieden werden können, erörtern die niederländischen Historiker die wirtschaftspolitischen Optionen der Kabinette Ruys de Beerenbrouck und Colijn. So machte F.A.G.Keesing noch unter dem Eindruck des Krieges (1947) die Kabinette Colijn für die Schwere und die Länge der Depression verantwortlich, weil diese zu lange auf Währungsstabilität und die Bindung des Guldens an den Goldstandard gesetzt hätten, während andere Staaten wie Großbritannien durch die Aufgabe des Goldstandards und die Abwertung der Währung ihre Wirtschaft ankurbelten. Jedoch beendeten Peter Wolfgang Klein und Johan de Vries in den 1970er Jahren die herrschende Keesingsche Orthodoxie, indem sie strukturelle Faktoren der niederländischen Wirtschaft als Hauptursachen der Depression auswiesen. Hierzu zählten sie die übermäßig große Bedeutung des niederländischen Agrarsektors und die Abhängigkeit der kleinen offenen Ökonomie vom freien Welthandel. In jüngster

Zeit hat dann Jan Luiten van Zanden die Debatte um den Goldstandard wiederaufgenommen und gezeigt, daß sich die Länder, die vom Goldstandard abrückten und ihre Währungen abwerteten, schneller wirtschaftlich erholten als diejenigen, die im sog. Goldblock (Frankreich, Belgien, Niederlande, Schweiz, Italien) am Goldstandard festhielten. Dies ist sicher richtig, da den Goldblockländern anstelle einer Abwertung ihrer Währung nur die Alternative der Deflation mit allen negativen Folgen wie Verschärfung der Depression und der Arbeitslosigkeit blieb. Für die Richtigkeit der van Zandenschen Annahme spricht auch, daß sich eine Wende zum Besseren erst im Jahre 1936 nach der Abkehr der Niederlande vom Goldstandard und einem Kursverfall des Guldens um 20% abzeichnete.

Trotzdem bleibt die Frage, ob die Option einer schwachen Währung bekannt war und ob es opportun und logisch erschien, sie in die Tat umzusetzen. Weder die Niederlande noch Belgien mit ihren vergleichsweise harten Währungen hielten es 1931 für attraktiv, geschweige denn für richtig, den Kursverfall des Pfundes um ein Drittel seines Wertes (im Vergleich zum Dollar) zu imitieren. Es ist jedenfalls nicht sicher, ob sich das Risiko angesichts der strukturellen Schwächen der niederländischen Wirtschaft gelohnt hätte. Denn auch in Großbritannien verhalfen erst die gestiegenen Gewinnerwartungen der Unternehmer und die private Nachfrage (Hausbauboom) der Wirtschaft zur Erholung aus der Depression.

3. Die deutsche Besatzung

Die deutsch-niederländischen Beziehungen in den 30er Jahren waren durch die ökonomischen Interessen der Niederlande am Exportland Deutschland sowie durch das Bestreben Deutschlands geprägt, sich die niederländische Neutralität zu erhalten. Die nationalsozialistische Unterdrückung der politischen Gegner und insbesondere die Judenverfolgung stießen auf heftige Kritik in der niederländischen Öffentlichkeit. Gleichzeitig äußerte man – insbesondere in protestantischen

Kreisen – auch ein gewisses Verständnis gegenüber einer „Eindämmung des jüdischen Einflusses". Diese Stimmen wurden lauter, als nach einer ersten Welle der politischen Emigration zunehmend deutsche Juden vom niederländischen Asyl Gebrauch machten. Selbst manche jüdische Glaubensgenossen in den Niederlanden sahen sich durch den Zustrom der angeblich nicht anpassungsbereiten „lauten deutschen Juden" in ihrer erfolgreichen Integration in die niederländische Gesellschaft gestört.

Dagegen versuchte die niederländische Regierung, das Flüchtlingsproblem so zu lösen, daß dadurch nicht die deutsch-niederländischen Beziehungen belastet wurden. Dennoch zahlte sich das Wohlverhalten der niederländischen Regierung nicht aus. Das „Wunder von 1914" wiederholte sich nicht. Die Niederlande wurden trotz ihrer Neutralität am 10. Mai 1940 ebenso wie Belgien, Luxemburg und Frankreich Opfer von Hitlers „Blitzkriegs"-Strategie. Nach fünf Tagen war der Krieg gegen die Niederlande beendet. Die Opfer unter der Zivilbevölkerung waren größer als die unter den Soldaten. So kostete allein der Bombenangriff auf die Rotterdamer Innenstadt 800 Menschen den Tod. Königin Wilhelmina und das niederländische Kabinett hatten bereits am zweiten Kriegstag das Land verlassen und in London eine Exilregierung etabliert. Ein Großteil der Niederländer fühlte sich von Königin und Regierung im Stich gelassen, erkannte aber mit der Zeit, daß der Krieg an der Seite der Alliierten nur auf diese Weise fortgesetzt werden konnte.

Im Lande selbst ging die Wehrmacht daran, wie in den Nachbarländern Belgien und Frankreich eine Militärverwaltung aufzubauen, um die Aktivitäten von Partei und SS einzuschränken. Jedoch wurde bereits am 17. Mai 1940 durch Hitlers Befehl in den Niederlanden eine Zivilverwaltung mit einem Reichskommissar an der Spitze eingesetzt. Jene hatte die Aufgabe, die Niederlande politisch, ökonomisch und vor allem weltanschaulich, d.h. rassenideologisch, gleichzuschalten. Ähnlich wie den Norwegern und Dänen hatte Hitler auch den Niederländern als „Germanen" einen bevorzugten Platz unter den besiegten Völkern eingeräumt. Endziel waren die Nazifizierung der Niederlande und deren Eingliederung in ein „Großgermanisches Reich". Für diese Aufgabe und für das Amt des Reichskommissars wurde der Österreicher Arthur Seyss-Inquart (1892–1946) ausersehen, der sich bereits beim sogenannten Anschluß Österreichs an das Reich bewährt hatte. Seyss-Inquart, ein eher gemäßigter Nationalsozialist, sollte die bisher anglophilen Niederländer aus ihrer atlantischen Orientierung lösen und für das nationalsozialistische Deutschland gewinnen. Besondere Hoffnung setzte er bei diesen Bemühungen auf die Niederländische Union, die 1940 als konservative Sammlungsbewegung entstand und die Überwindung des Parteiensystems der Vorkriegszeit propagierte. Jedoch erwiesen sich derartige Überlegungen Seyss-Inquarts als Illusion, da die Mitglieder der Union nicht bereit waren, für eventuelle Gunstbeweise der Besatzungsmacht auf die niederländische Unabhängigkeit oder das Königshaus zu verzichten. Entsprechend setzten die Besatzer zunehmend auf die NSB Anton Musserts. Im Juli 1941 wurden die bürgerlichen Parteien einschließlich der Niederländischen Union ebenso verboten wie die noch existierenden faschistischen Splittergruppen. Die NSB avancierte zur einzig zugelassenen politischen Kraft, der zahlreiche von der Besatzungsmacht geschaffene Organisationen und Ämter übertragen wurden. Aber auch Mussert, der gerne der „Führer" eines niederländischen Satellitenstaates geworden wäre, funktionierte nicht so, wie sich das der Reichskommissar und vor allem nicht wie Himmler und die SS sich das vorgestellt hatten. Deshalb versuchte die SS von März 1943 an, ihre eigene Konzeption der Besatzungspolitik durchzusetzen. Das hieß „Auflösung der nationalen Einheit der Niederlande und ihre Rückgliederung als ‚Deutscher Volksstamm' in ein ‚Großgermanisches Reich'" (Hirschfeld).

Die Niederländer erlebten ihre Reintegration in Form verstärkter wirtschaftlicher Ausbeutung, Zwangsarbeitseinsatz, Geiselerschießungen und brutaler Judenverfolgung. Während in den ersten Kriegsjahren nur niederländische Arbeitslose zum Arbeitseinsatz verpflichtet wurden, kam es ab 1943 zu Zwangsaushebungen aller arbeitsfähigen Männer. Außerdem wurde ein großer Teil der 1940 aus der Kriegsgefangenschaft entlassenen Soldaten interniert und zum Arbeitseinsatz nach Deutschland transportiert. Allein die Ankündigung dieser Maßnahme löste einen Generalstreik aus, dem sich Hunderttausende Arbeiter anschlossen. Die Besatzer verhängten das Standrecht und erschossen 130 Streikende, so daß der Streik zusammenbrach. Der bedeutendste Streik war der große Eisenbahnerstreik, den die Exilregierung im Herbst 1944 zur Beschleunigung der alliierten Militäroperationen angeordnet hatte. Der Schienenverkehr kam fast völlig zum Stillstand. Neben dem deutschen Nachschub wurde aber auch die Versorgung der niederländischen Bevölkerung nachhaltig gestört. Im Hungerwinter 1944/45 lebten so Hunderttausende unterhalb des Existenzminimums: fast 15 000 Menschen starben. Dennoch ging die Jagd nach Arbeitskräften weiter. In Razzien wurden im November 1944 in Rotterdam und Schiedam 54 000 Niederländer zusammengetrieben und zur Arbeit in Deutschland und in den östlichen Niederlanden verpflichtet. Nach Kriegsende kehrten ca. 260 000 Arbeiter aus Deutschland zurück. Gut 8 000 Zwangsarbeiter waren in Deutschland gestorben.

Für die jüdische Bevölkerung gab es dagegen keine Rückkehr in die Niederlande. Die alltägliche Unterdrückung, Verfolgung und Deportation der Juden in den Niederlanden wird nirgendwo beklemmender geschildert als in dem Tagebuch der Anne Frank (1929–1945). Anne Frank war 1933 zusammen mit ihrer Familie aus Frankfurt in die Niederlande emigriert und erlebte dort nach einigen unbeschwerten Kindheitsjahren am eigenen Leibe die seit 1940 von den Besatzern in den Niederlanden praktizierte nationalsozialistische Judenverfolgung. Es begann nach deutschem Vorbild mit der Entlassung der Juden aus dem öffentlichen Dienst, führte über die Registrierung sämtlicher Juden 1941 zur gesellschaftlichen Ächtung und zum Verbot, öffentliche Einrichtungen zu betreten. Im Sommer 1942 begannen die Deportationen. Die deutschen Juden wurden zunächst in das „polizeiliche Durchgangslager" Westerbork gebracht, die niederländischen erst nach Amsterdam, später auch nach Westerbork. Von hier aus rollten die Züge dann in die Vernichtungslager nach Polen. Von den ca. 140 000 Juden, die 1941 in den Niederlanden lebten, wurden ca. 120 000 in die Konzentrationslager deportiert. Nur rund 6 000 kehrten davon nach Ende des Krieges zurück. Auch Anne Frank, die sich ab 1942 mit ihren Eltern und weiteren fünf Personen auf engstem Raum in einem Hinterhaus an der Amsterdamer Prinsengracht verbarg, wurde 1944, nachdem das Versteck verraten worden war, in das Konzentrationslager Auschwitz gebracht und später nach Bergen-Belsen verlegt. Sie starb dort im März 1945 kurz vor der Befreiung durch die Engländer an einer im Lager grassierenden Typhusepidemie.

Die Tatsache, daß den deutschen Besatzern eine nahezu vollständige Ausrottung der niederländischen jüdischen Bevölkerung gelang, hat den Blick der Historiker auf die niederländischen Helfer, d.h. auf die Kollaboration, gelenkt. Auch wenn in den ersten Monaten nach der militärischen Niederlage bei einem Großteil der Niederländer die Bereitschaft bestand, sich mit den Deutschen zu verständigen, so blieb doch die aktive politische Kollaboration bei Nazifizierung, Kriegswirtschaft, Judenverfolgung und Deportation – wie übrigens auch in Frankreich oder Belgien – auf einen kleinen Teil der Bevölkerung, z.B. die NSB-Mitglieder beschränkt. Um so stärker war die institutionelle Kollaboration der Verwaltung und des Beamtenapparats. Diese begann bei den Generalsekretären, die anstelle der ins Exil gegangenen Minister die Ministerien leiteten und zur Vermeidung von Chaos mit dem Reichskommissariat offen zusammenarbeiteten. Aber auch auf der mittleren Verwaltungsebene legten zahlreiche Technokraten ungeahnten Eifer und vorauseilenden Gehorsam an den Tag. Als z.B. die deutschen Besatzer die Registrierung der jüdischen Geschäfte in Amsterdam verlangten, meldeten die Beamten die jüdischen Marktstände gleich mit. Noch enger war die Kooperation der niederländischen Polizei mit den Deutschen, da sich die Polizisten selbst bei Judenverfolgung und Deportation als willfährige Vollzugsorgane der Besatzer erwiesen. Nicht zu vergessen sind auch die 20 000 Niederländer, die freiwillig zur SS gingen, sowie die ökonomische Kollaboration der niederländischen Industriellen. In dem Bestreben, Produktion und Produktivität der niederländischen Wirtschaft zu erhalten, produzierte man in zunehmenden Maße für die deutsche Kriegswirtschaft.

Gegen diese Art der Kollaboration richtete sich kaum nennenswerter niederländischer Widerstand. Man muß ohnehin konstatieren, daß der niederländische Widerstand im Vergleich zu Belgien oder Frankreich sehr gering war. Spionage und bewaffneter Kampf fehlten fast völlig. Abgesehen von den oben erwähnten Streikmaßnahmen stellten die Hilfe für Untergetauchte sowie die Untergrundpresse die wichtigsten Aktivitäten dar. Erst in der Endphase des Krieges, im Herbst 1944, häuften sich Sabotageakte und Attentate auf die deutschen Besatzer, die diese mit brutaler Härte gegenüber der Zivilbevölkerung heimzahlten.

Unter dem Eindruck dieser Ereignisse teilte die niederländische Nachkriegshistoriographie die Niederländer in gute *(goede)* und schlechte *(foute)* Niederländer, d.h. in diejenigen, die sich mit den Deutschen eingelassen und diejenigen, die sich verweigert hatten. Nach Selbstreinigung in Prozessen und Amtsenthebungsverfahren gegen Kriegsverbrecher und Kollaborateure stilisierten sich die Niederländer zunehmend zum guten Volk im Gegensatz zum schlechten deutschen Volk. Diese die öffentliche Meinung der Niederlande lange Zeit prägenden Stereotype wurden erst in den letzten Jahren und vor allem durch den heftig diskutierten Roman von Tessa de Loo, *Zwillinge* (1993), nachhaltig demontiert. Es geht darin um die Geschichte zweier Zwillingsschwestern, die nach dem frühen Tod der Eltern auseinandergerissen werden und sich im Alter durch Zufall im belgischen Kurort Spa wiedertreffen. Während Anna im nationalsozialistischen Deutschland aufwächst, wird Lotte von niederländischen Verwandten aufgenommen, die während der deutschen Besatzung Juden Unterschlupf gewähren. Sie fühlt als Niederländerin und lehnt alles Deutsche ab. Im Laufe ihrer Gespräche in den belgischen Cafés macht die starre Haltung der Schwestern und die Einteilung der Welt in Gut und Böse einem wechselseitigen Verstehen Platz. Zu einer Versöhnung kommt es nicht mehr, da Anna während der Kur stirbt.

4. Dekolonisation

Kaum eine Kolonialmacht war weniger auf den Dekolonisationsprozeß vorbereitet als die Niederlande. Trotz des Anwachsens der verschiedenen Unabhängigkeitsbewegungen war die Mehrheit der Niederländer auch noch in den Kriegsjahren von den Segnungen ihrer Kolonialherrschaft in Niederländisch-Indien fest überzeugt. Kritik in Amerika und Großbritannien begegnete man mit dem Argument, daß die Briten in Indien und die Amerikaner auf den Philippinen durchaus von der sozialverantwortlichen niederländischen Kolonialpolitik lernen könnten. Entsprechend gingen die Kolonialbehörden gegen die von westlich erzogenen Einheimischen getragenen Unabhängigkeitsbewegungen entschlossen vor und internierten deren Führer systematisch.

Auch die Londoner Exilregierung verwahrte sich gegen jegliche Gedankenspiele ihres Ministers ohne Geschäftsbereich Sujonu, der 1942 mit den Worten: „Kommen die Niederlande frei, dann wird auch Indien frei" seine Hoffnungen für das Kriegsende deutlich ausgedrückt hatte. In den Augen der politisch Verantwortlichen war die Bevölkerung noch nicht reif für die Unabhängigkeit, und ein Rückzug der Niederländer bedeutete unweigerlich Chaos, das Japaner und Amerikaner ausnützen würden. Außerdem war die Befürchtung allgemein verbreitet, daß die Niederlande ohne Indien keine Zukunft mehr hätten und auf den Rang eines Kleinstaates wie Dänemark herabsänken. Selbst die SDAP, die als einzige große Partei die Unabhängigkeitsbestrebungen mit einer gewissen Sympathie verfolgte, fürchtete, daß einem Verlust Indonesiens 10 % der niederländischen Arbeitsplätze zum Opfer fallen würden. Entsprechend war man in den Niederlanden weder innerlich noch äußerlich vorbereitet, als 1945 das Kriegsende in Südostasien auch die Dekolonisation in Niederländisch-Indien einleitete.

Im Dezember 1941 hatten die Japaner mit der Eroberung Niederländisch-Indiens begonnen, das im März 1942 kapitulierte. Die niederländische Bevölkerung kam in Internierungslager, die besiegten Truppen in Kriegsgefangenschaft. Ca. 20 000 Personen überlebten Hunger und Ausbeutung in den japanischen Lagern nicht. Als sich der Krieg im Sommer 1944 zusehends ungünstig für die Japaner entwickelte, versuchten die Besatzer, die einheimische Bevölkerung mit der Aussicht auf eine Unabhängigkeit des Landes für sich zu gewinnen. Entsprechend riefen Achmed Sukarno (1907–70) und Mohammed Hatta (1902–80), die Führer der indonesischen Unabhängigkeitsbewegung, am 17. August 1945 die Republik Indonesien aus, nachdem am 6. und 9. August die Atombomben auf Hiroshima und Nagasaki gefallen waren. Eine Wiederherstellung der Vorkriegsverhältnisse, wie es sich die Londoner Exilregierung gedacht hatte, war hinfällig geworden. Im Gegenteil, die Niederländer besaßen keinerlei Machtmittel in Indonesien, und die aus den Internierungslagern heimkehrenden Niederländer wurden von den „Pemudas", jugendlichen Hilfstruppen der Japaner, an der Übernahme ihres Besitzes gehindert. Die Briten, die die Polizeigewalt von den Japanern übernommen hatten, drängten die Niederlande und die Indonesische Republik zu einer Einigung. Im Abkommen von Linggadjati (15. November 1946) wurde ein Niederländisches Commonwealth vereinbart, in das neben den Niederlanden, Surinam und Curaçao auch die Vereinigten Staaten von Indonesien integriert werden sollten.

Zwei Polizeiaktionen der Niederländer im Juli 1947 und im Dezember 1948 zum Schutz niederländischer Plantagenbesitzer und niederländischer Kapitalinteressen brachten zwar die indonesische Regierung in Bedrängnis, aber der außenpolitische Schaden war beträchtlich. Auf Druck der UNO und insbesondere der USA mußten die Niederlande einlenken. Als

Ergebnis des „Runden Tisches" vom November 1949 wurde Indonesien in die Unabhängigkeit entlassen; nur West-Neuguinea blieb bis 1962 niederländisch und wurde nach vorübergehender UNO-Verwaltung 1963 ebenfalls indonesisch. Damit war der Dekolonisationsprozeß für die asiatischen Besitzungen abgeschlossen, wogegen Surinam in Südamerika erst 1975 die Unabhängigkeit erlangte. Allein die vor der Küste Venezuelas liegenden Niederländischen Antillen sind bis heute autonomer Bestandteil und Ferienparadies des Königreichs der Niederlande.

5. Politischer und ökonomischer Wiederaufbau

Nachdem die deutschen Besatzer am 5. Mai 1945 kapituliert hatten, kehrten die königliche Familie und die Exilregierung im Juni 1945 zurück. Die Regierung übernahm ein Kabinett der nationalen Einheit unter Willem Schermerhorn (1894–1977) und Willem Drees (1886–1988). Beide trugen damit dem allgemeinen Willen zur politischen Erneuerung Rechnung. Allenthalben war das Bestreben spürbar, das Parteiensystem und die gesellschaftliche Versäulung der Vorkriegszeit zu durchbrechen. Einen Schritt hin zur politischen Erneuerung tat aber nur die SDAP, die zusammen mit den Freisinnigen Demokraten (VDB) und der Christlich Demokratischen Union (CDU) 1946 die Partei der Arbeit (PvdA) gründete. Die anderen Parteien wie die CHU und die ARP kehrten unverändert, die RKSP unter dem neuen Namen „Katholische Volkspartei" (KVP) zurück. Die Wähler belohnten jedoch den Veränderungswillen der PvdA nicht: In den Wahlen von 1946 wurde die KVP (30,8 %) die stärkste Partei, gefolgt von PvdA (28,3 %), ARP (12,9 %), CHU (8 %) und der neu konstituierten Liberalen Volkspartei für Freiheit und Demokratie (VVD) (6,4 %). Die Mehrheit des konfessionellen Blocks der Vorkriegszeit war wiederhergestellt. Dennoch kam es unter der Führung des katholischen Ministerpräsidenten Louis Joseph Maria Beel (1902–77) zu einer katholisch-sozialdemokratischen Koalition (KVP + PvdA) und einem Kabinett des

„neuen Waffenstillstandes". In den folgenden vier Kabinetten (1948–58) des Sozialdemokraten Willem Drees wurde die Basis der Koalition um CHU und VVD bzw. ARP erweitert. Es sollte aber noch einige Jahre dauern, bis in den 60er Jahren die gesellschaftliche Versäulung endgültig durchbrochen wurde. Ausschlaggebend hierfür waren sowohl die Stimmenverluste der christlichen Parteien als auch die Mitgliederverluste der Kirchen und der kirchlichen Organisationen.

Radikaler als in der Innenpolitik war die außenpolitische Neuorientierung. Da die politische Neutralität die deutsche Invasion 1940 nicht verhindert hatte, orientierten sich die Niederländer außenpolitisch um und betrieben eine aktive Bündnispolitik. Bereits während des Krieges faßten Belgien und die Niederlande eine engere Kooperation ins Auge, die 1948 und 1958 in der Benelux-Zollunion bzw. der Benelux-Wirtschaftsunion verwirklicht wurde. Die Niederlande waren 1949 Gründungsmitglied des Nordatlantik-Pakts (NATO) und trieben mit großer Energie die politische und wirtschaftliche Integration Europas voran: Etappen auf diesem Ziel waren der Beitritt zum Europarat (1949), die Mitgliedschaft in der Montanunion sowie die Gründung der EWG (1957). Bei ihren Bemühungen um die politische Integration Europas stießen die Niederlande in den 60er Jahren auf den hartnäckigen Widerstand Charles de Gaulles und Frankreichs, die sowohl die politische Union Europas als auch die Aufnahme Großbritanniens in die EWG zu verhindern suchten. Der Konflikt zwischen dem niederländischen Außenminister Joseph Luns und Charles de Gaulle, der die Niederländer an die Auseinandersetzung zwischen Wilhelm III. von Oranien und Ludwig XIV. erinnerte, endete damit, daß nach dem Rücktritt De Gaulles (1968) Joseph Luns 1971 Nato-Generalsekretär wurde und Großbritannien 1973 der EWG beitrat. Auch als in den nächsten Jahrzehnten Frankreich und die Bundesrepublik zunehmend die Initiative im europäischen Einigungsprozeß ergriffen, wurden unter der niederländischen EG-Präsidentschaft wichtige Fortschritte in der europäischen Integration erzielt. Das bedeutendste Ereignis war die Unterzeichnung des Maastrichter Vertrages im Februar 1992, in dem sich die europäischen Partnerländer auf eine Europäische Wirtschafts- und Währungsunion einigten.

Daß die Niederlande bereits in der Anfangszeit der EWG eine so wichtige Rolle spielen konnten, verdankten sie der schnellen Wiederherstellung ihrer Wirtschaftskraft in den 50er Jahren. Die Kriegsschäden in den Niederlanden waren größer gewesen als in den meisten Ländern Westeuropas. Ungefähr ein Drittel der Produktionskapazitäten von Industrie und Landwirtschaft hatte der Krieg zerstört. Entsprechend waren Rohstoff- und Industriegüterimporte zur Belebung der industriellen Produktion nötig. Die dafür dringend benötigten Devisen stellte der Marshallplan mit einer Hilfe von ca. 1 Mio. $ zur Verfügung. Die Gütereinfuhr und die Industrieproduktion nahmen schnell zu; Landwirtschaft und Dienstleistungen (Schiffahrt) brauchten länger, um das Vorkriegsniveau zu erreichen. Bemerkenswert war auch das schnelle Anwachsen der Bevölkerung, die von 9 Mio. Einwohnern (1945) auf 10 Mio. (1950) stieg und über 11 Mio. (1960), 13 Mio. (1970), 14 Mio. (1980) und auf 15 Mio. (1990) anwuchs.

Mit dem Wiederaufbau der Wirtschaft vollzog sich in den 50er und vor allem in den 60er Jahren ein Strukturwandel der niederländischen Wirtschaft, den Jan Luiten van Zanden als den Übergang von „einer kleinen ‚großen Wirtschaft' zu einer großen ‚kleinen Wirtschaft'" beschrieben hat. Es handelte sich hierbei um einen Konzentrationsprozeß, in dem von einer Vielzahl verschiedener Branchen nur noch einige wenige übrigblieben, die aber dann um so stärker ausgebaut wurden. Bereits in der unmittelbaren Nachkriegszeit fielen der Dekolonisation verschiedene mit Niederländisch-Indien verbundene Branchen wie die Textilindustrie, der Schiffbau und die Linienschiffahrt zum Opfer. In den 60er und 70er Jahren wurden dann zahlreiche metallverarbeitende Betriebe geschlossen, so daß im sekundären Sektor allein energie- und kapitalintensive Branchen wie die Erdgas- und Ölindustrie, die chemische Industrie, die Kunststoffverarbeitung und die Papierindustrie übrigblieben. Diese schufen nicht nur Industriearbeitsplätze im Inland, sondern investierten in größerem Maße auch im Ausland. Die multinationalen Konzerne Shell und Unilever sind dafür nur ein Beispiel. Ebenso wuchsen die in Großstallanlagen und Gewächshäusern industriemäßig betriebene Landwirtschaft, deren Produktion (Fleisch, Milch, Milchprodukte, Gemüse, Erdbeeren, Blumen etc.) auf die auswärtigen Märkte ausgerichtet wurde, sowie die damit verbundenen Nahrungs- und Genußmittelindustrien. Weltweite Bedeutung gewannen die Niederlande als Dienstleistungsdrehscheibe mit dem weltgrößten Hafen Rotterdam und dem Nordatlantik-Flughafen Amsterdam-Schiphol.

Gefördert wurde der wirtschaftliche Wiederaufbau der Niederlande nach dem Krieg durch staatliche Planung und Sozialpartnerschaft. Unter dem Eindruck der Weltwirtschaftskrise und des Zweiten Weltkrieges glaubte in den Niederlanden 1945 niemand, daß der Aufbau der Wirtschaft allein den Kräften des Marktes überlassen werden könne. Während in der Bundesrepublik eine „konzertierte Aktion" erst in der Wirtschaftskrise 1967 einberufen wurde, erschien in den Niederlanden schon 1945 eine Sozialpartnerschaft von Staat, Arbeitgebern und Gewerkschaften als selbstverständlich. Grundlegend war dabei immer die lenkende Planung des Staates. Zu diesem Zweck wurde durch den Wirtschaftswissenschaftler und späteren Nobelpreisträger Jan Tinbergen (1903–1994) ein zentrales Planungsbüro (CPB) aufgebaut. Wichtiges Element der staatlichen Planung war die Lohn- und Preiskontrolle. Tarif- und Preiserhöhungen mußten staatlich genehmigt werden; denn die Niederlande wollten durch unter dem europäischen Durchschnitt liegende Löhne international konkurrenzfähig bleiben. Angesichts der wachsenden Bevölkerung unterstützten die Gewerkschaften diese Politik, um Arbeitsplätze zu sichern. Nachdem die Aufbauphase der niederländischen Wirtschaft beendet war, hörte Anfang der 60er Jahre auch die Lohndisziplin der Gewerkschaften auf. Die Löhne explodierten, und die Regierung versuchte, mit verschärften Preiskontrollen die Inflation in den Griff zu bekommen. Trotzdem kletterte die Inflationsrate in den 70er Jahren auf 10 %.

Die Mitsprache der Arbeiterschaft fand und findet auf verschiedenen gesellschaftlichen Ebenen statt. Ein Gremium ist der Sozialökonomische Rat (SER), der je zu einem Drittel aus Vertretern der Arbeitgeber, der Arbeitnehmer sowie der Öffentlichkeit (von der Königin auf Vorschlag der Regierung ernannt) besteht und die Regierung in ökonomischen und gesellschaftlichen Fragen berät. Eine andere Ebene der Mitsprache stellt die innerbetriebliche Mitbestimmung dar. Anders als die deutschen Gewerkschaften, die ihre Anstrengungen auf die „paritätische Mitbestimmung" in den Aufsichtsräten der Unternehmen konzentrierten, legten ihre niederländischen Kollegen den Schwerpunkt auf die direkte Mitbestimmung der Betriebs- oder Belegschaftsräte in den Betrieben selbst. Dabei wurden die Rechte der Belegschaftsräte im Laufe der Jahre kontinuierlich erweitert: Entscheidungen personaler und sozialer Art müssen vom Belegschaftsrat genehmigt werden, der auch in anderen wichtigen Angelegenheiten von der Firmenleitung zu konsultieren ist. Hauptziel der Mitbestimmung sind nicht wie in Deutschland die Stärkung von Arbeitnehmermacht und die Beschneidung der Macht der Anteilseigner, sondern die soziale Gerechtigkeit, die nach niederländischer Auffassung nur in partnerschaftlichem Konsens erreicht werden kann.

6. Protest und Krisenüberwindung

Als am 10. März 1966 der Hochzeitszug mit der Kronprinzessin Beatrix und ihrem Bräutigam Claus von Amsberg seinen Weg durch Amsterdam nahm, wurden Rauchbomben geworfen und Krawalle mit der Polizei provoziert. Diese richteten sich zwar auch gegen die deutsche Herkunft des Prinzgemahls, artikulierten in erster Linie aber eine grundsätzliche Unzufriedenheit mit der niederländischen Gesellschaft. Von nun an rissen die Protestbewegungen gegen das „Establishment" nicht mehr ab. Den „Provos" (Abkürzung für Provokanten) folgten wie überall in Westeuropa die Studenten, die

1969 die Amsterdamer Universitätsverwaltung sowie die Tilburger Hochschule besetzten. Gleichzeitig operierte die *Kabouterpartij* (Koboldpartei) der Hippies als Amsterdamer Stadtpartei. In den 70er Jahren traten dann vor allem die Frauenbewegung der *Dolle-Minas* sowie die *Krakers,* die Hausbesetzer, als Protestgruppen in Erscheinung.

Parallel zu diesen spontanen, kurzlebigen Protestbewegungen organisierte sich die sogenannte Neue Linke in Parteien, mit deren Hilfe sie den Marsch durch die Institutionen antrat. Links von der VVD entstanden die Demokraten 66 (D 66), die sich um ein linksliberales Wählerpotential bemühten sowie die ursprünglich von abtrünnigen Katholiken gegründete Politische Partei Radikaler (PRR), zu denen bald eine rechte Abspaltung der PvdA, die Demokratischen Sozialisten 1970 (DS 1970), hinzutrat. Die alte versäulte Parteienlandschaft aus Katholiken, Protestanten, Sozialisten und Liberalen hatte sich endgültig überlebt. So war es kein Wunder, daß sich das Kabinett des sozialdemokratischen Ministerpräsidenten Joop den Uyl (1919–1987) erstmals auf eine Mehrheit links von der Mitte stützen konnte, die von 1973–77 hielt. Hauptziel der linken Koalition war analog zu Willy Brandts „mehr Demokratie wagen" die „fundamentale Demokratisierung" der niederländischen Gesellschaft, die mit einem großangelegten Reformprogramm erreicht werden sollte.

Die Entwicklung der Niederlande zu einer „Gremien-Gesellschaft" (Lademacher) wurde ebenso vorangetrieben, wie der Ausbau des niederländischen Wohlfahrtsstaates zum Versorgungsstaat: Soziale Gerechtigkeit und *welzijn* für alle waren das Leitmotiv für den in den 60er Jahren begonnenen und in den 70er Jahren stark forcierten Umbau der Niederlande zum Wohlfahrtsstaat oder – wie man später gesagt hat – zum Versorgungsstaat. Charakteristisch für den niederländischen, von den christlichen Parteien und der PvdA gleichermaßen enthusiastisch errichteten Wohlfahrtsstaat war die Tendenz zu wachsenden Leistungen der kollektiven Daseinsvorsorge für immer breitere Schichten. Hatte sich der staatliche Schutz vor den Risiken der Industriegesellschaft zu Anfang auf Arbeitsunfälle und -invalidität beschränkt, so kamen mit der Zeit die Garantie eines Einkommensminimums im Alter sowie bei Invalidität und Arbeitslosigkeit hinzu. Gesundheitsfürsorge und Wohnungsbau waren die nächsten Etappen. In der Hochphase des niederländischen Versorgungsstaates wurden dann diese Aufgaben um die Förderung der individuellen Selbstverwirklichung und die Partizipation der Bürger an Politik, Kultur, Sport etc. erweitert. Das individuelle Wohlbefinden war jetzt Regierungsprogramm und wurde systematisch beraten, geplant und verwaltet. Analog zum Sozialökonomischen Rat und zum Zentralen Planungsbüro wurden 1971 ein Sozialkultureller Rat (SCR) und 1973 sogar ein Sozialkulturelles Planungsbüro (SCP) eingerichtet. Nicht nur die sozialen Leistungen stiegen jetzt kontinuierlich, sondern in weit größerem Maße expandierten der Wohlfahrtsapparat und damit der Öffentliche Sektor.

Erste Ernüchterung machte sich bereits 1977 breit, als die Wähler die Sozialisten in die Opposition verbannten. Die christlichen Parteien erlebten einen neuen Aufschwung. KVP, CHU und AR hatten aus ihren Wählerverlusten in den 60er und frühen 70er Jahren und dem fortschreitenden Entsäulungsprozeß die richtige Konsequenz gezogen, daß eine christliche Politik in Zukunft nur in überkonfessioneller Zusammenarbeit durchzusetzen sei. Entsprechend schlossen sie 1975 ein Wahlbündnis, das nach dem Wahlerfolg 1977 und der Regierungsübernahme unter ihrem Ministerpräsidenten Dries van Agt 1980 zur Partei des Christlich Demokratischen Appells (CDA) mutierte. In den folgenden Jahren sollte der CDA alle Regierungen dominieren und den Ministerpräsidenten stellen: bis 1982 van Agt, dann Ruud Lubbers. Regierungspartner waren bis 1989 – mit kurzer Unterbrechung – die rechtsliberale VVD, danach die PvdA. Aufgrund der erdrutschartigen Verluste des CDA in den Wahlen von 1994 avancierte die PvdA – trotz ebenfalls größerer Verluste – zur stärksten Parlamentspartei und ging nach zähen Verhandlungen mit den Wahlgewinnern VVD und D 66 ein Bündnis ein. Mit Wim Kok, der die Partei von sozialistischer Ideologie entrümpelt hatte, stellten die Sozialdemokraten nach zwei Jahrzehnten wieder den Ministerpräsidenten. Erstmals seit 1918 war kein Minister einer christlichen Partei im Kabinett vertreten.

Weder die christlichen Parteien noch die Sozialdemokraten hatten aber verhindern können, daß der niederländische Versorgungsstaat – ähnlich wie in Skandinavien – in die ökonomische Krise geriet; 1982 erreichte die Arbeitslosigkeit mit 12 % Rekordhöhe, und es bestand keine Hoffnung auf Besserung. Während Parteien und Regierung untätig blieben, ergriffen die Tarifpartner die Initiative. Im sogenannten „Akkord von Wassenaar" schlossen Gewerkschaften und Arbeitgeber 1982 ein Bündnis für Arbeit, das die Hauptursache der Krise, die hohen Arbeitskosten, verringern sollte. Man vereinbarte einen Lohnstopp und gleichzeitig eine Arbeitszeitverkürzung. Während in Deutschland die IG-Metall für die 35-Stunden-Woche bei vollem Lohnausgleich kämpfte, nutzte man in den Niederlanden den Lohnverzicht der Arbeitnehmer nach dem Motto „Arbeit vor Lohn" zum Abbau der Arbeitslosigkeit. Innerhalb der letzten zwanzig Jahre wurde die Arbeitslosigkeit so fast vollständig beseitigt, und die Niederländer verfügen über einen Haushaltsüberschuß, von dem ihre europäischen Nachbarn nur träumen können.

Zum Abbau der Arbeitslosigkeit und zum Umbau des Versorgungsstaates bedurfte es aber auch – neben der Kooperation der Tarifparteien – einer reformwilligen Regierung. Die ersten Schritte unternahm die große Koalition unter Ruud Lubbers, dessen Wort von der „kranken Nation" 1990 die Niederlande wachgerüttelt hatte. Damals bezog nämlich jeder sechste Berufstätige als chronisch Kranker bis zum Ruhestand eine Invalidenrente, so daß Versicherungsleistungen ein Viertel des Sozialproduktes verschlangen. Entsprechend zielten Lubbers und sein sozialdemokratischer Finanzminister Wim Kok, der 1982 als Gewerkschaftsführer die Vereinbarung von Wassenaar unterzeichnet hatte, auf eine Senkung der Steuern und der Sozialausgaben sowie auf eine Konsolidierung des Haushaltes. Die Invalidenrente wurde zwar nicht abgeschafft, ihre Bezieher müssen sich aber seitdem regelmäßig auf ihre Arbeitsunfähigkeit hin untersuchen lassen, wodurch die Zahl der Sozialleistungsbezieher unter einem Alter von 65 Jahren abgenommen hat. Privatisiert wurde die Lohnfortzahlung im Krankheitsfall, für die der Arbeitgeber nur noch ein Jahr aufkommen muß, bis dann der Staat dafür eintritt. Neu ist auch die Altersversorgung nach dem sogenannten „Cappucino-Prinzip". Den „Kaffee", – eine Grundrente von 70 % des Mindestlohnes – erhalten alle; die „Sahne" stellt die tarifvertraglich vereinbarte Zusatzversorgung dar, und allein der „Luxus des Kakaopulvers", einer privaten Lebensversicherung, muß privat finanziert werden. Wichtigstes Ergebnis dieser „Genesung auf holländisch" (DIE ZEIT) waren neben der Senkung der Lohnnebenkosten die Flexibilisierung der Arbeitszeit und der Arbeitsbeziehungen und damit die Entstehung neuer flexibler Arbeitsplätze. Die Kehrseite dieser Entwicklung – ein Drittel der Niederländer arbeitet weniger als die durchschnittliche Arbeitszeit – ist eine zunehmende „stille Armut", von der einerseits die Risikogruppen Arbeitslose, Sozialhilfeempfänger und niedrig qualifizierte Personen, andererseits aber auch die Bezieher niedriger Einkommen wie teilzeitarbeitende Mütter aufgrund steigender Mieten in den Großstädten betroffen sind. Dennoch herrschte in der niederländischen Gesellschaft Konsens darüber, daß es zum Umbau des Versorgungsstaates und zur Konsolidierung des Staatshaushaltes keine Alternative gebe, wolle man die Arbeitslosigkeit dauerhaft senken. Den Niederlanden kam dabei die traditionelle Sozialpartnerschaft zwischen Unternehmen, Gewerkschaften und dem Staat zugute, die auf Kooperation in sozialen und ökonomischen Fragen angelegt ist.

Trotz der genannten Erfolge in der achtjährigen Regierung der „Lila-Koalition" unter Wim Kok wurde dieser Konsens im Frühjahr 2002 plötzlich aufgekündigt. In seinem Buch „Auf den Trümmerhaufen von acht Jahren Violett" attestierte der Populist Pim Fortuyn der Regierung Kok ein Versagen bei der Kriminalitätsbekämpfung, der Ausländerpolitik und im Gesundheitswesen. Vorbehalte gegenüber der Politikerkaste, die an das Regentenpatriziat erinnere, wurden instrumentalisiert. Dabei traf Fortuyn den Nerv vieler Holländer, die sich angesichts steigender Inflation, wieder zunehmender Arbeitslosigkeit, Kriminalität, Verschlechterungen der Infrastruktur (aufgrund staatlicher Sparmaßnahmen) und eines ineffektiven Gesundheitssystems (langes Warten auf Operationen) in ihrem Alltag bedroht sahen. Hinzu kam die Veröffentlichung des Untersuchungsberichtes des Niederländischen Instituts für Kriegsdokumentation zu den von bosnischen Serben im Sommer 1995 verübten Massenmorden in der muslimischen UN-Schutzzone Srebrenica. Hier hatten niederländische Blauhelme die ihnen anvertrauten muslimischen Schützlinge an den serbischen Schlächter, General Mladić, übergeben, der mehrere tausend Männer ermorden ließ, ohne daran von niederländischen Soldaten gehindert zu werden. Anschließend versuchte die politische Führung dieses Fehlverhalten zu vertuschen. Wim Kok übernahm die Verantwortung für das im Bericht festgestellte niederländische Mitversagen und trat vor dem Ende der Legislaturperiode zurück. Kurze Zeit danach wurde die niederländische Öffentlichkeit erneut durch die Ermordung Pim Fortuyns, den ersten politischen Mord seit der Ermordung der Gebrüder de Witt durch den oranischen Mob 1672, aufgeschreckt. Trauer und Empörung verhalfen der Liste Pim Fortuyn (LPF) zu einem erdrutschartigen Einzug in das niederländische Parlament. Hier ging sie zusammen mit dem CDA und der VVD eine Regierungskoalition ein, die allerdings bereits 87 Tage nach ihrer Vereidigung wegen personeller Querelen in der LPF zerbrach.

Obwohl der niederländische Wahlkampf weiterhin von den Themen Fortuyns „innere Sicherheit" und „Migration" beherrscht wurde, sahen die Neuwahlen am 22. Januar 2003 ein Erstarken der PvdA. Wie in alten Zeiten stehen sich seitdem die beiden großen Parteien CDA und PvdA gegenüber und sind auf eine Zusammenarbeit angewiesen. Die Vorliebe der Niederländer für den Konsens hat einmal mehr alle Polarisierungstendenzen überdauert.

Schlußbetrachtung: Modell Niederlande?

In Immanuel Wallersteins Modell des „Modernen Weltsystems" gehörten die Niederlande zu der am Kanal und an der Nordsee gelegenen Kernregion der Welt, die Wirtschaft und Gesellschaft in Europa und Übersee bestimmte. Dies war jedoch keine neuzeitliche Erscheinung. Bereits im Spätmittelalter hatten Flandern und Brabant den – neben Oberitalien – am weitesten entwickelten Raum Europas gebildet: städtische Autonomie und bürgerliche Lebenswelt, Konzentration von internationalem Handel und Exportgewerbe, technologische und künstlerische Überlegenheit waren die Markenzeichen.

Erst durch den Aufstand der Niederlande und den *brain drain* von Kaufleuten, Handwerkern und Künstlern verlagerten sich diese Phänomene in den Norden und wurden zum Charakteristikum der Niederländischen Republik. Von nun an strahlte das Modell Niederlande mit Menschen, Kapital, Technologie, Ideen, Kunst und Mode nach Westen, Norden und Osten aus. Nicht nur die Hafenstädte des Ostseeraums erlebten eine „Niederlandisierung", während ihr Hinterland mit der Windmühlentechnologie überzogen wurde, auch England machte mit Hilfe niederländischen Kapitals und Wissens seine Entwicklungsrückstände in Schiffahrt, Handel und Bankwesen gegenüber der Republik wett. Spätestens mit der Übersiedlung Amsterdamer Privatbankiers in den Napoleonischen Kriegen nach London verlagerte sich nach der politischen Macht auch der ökonomische und technologische Schwerpunkt endgültig auf die andere Seite des Kanals. Auch wenn die Niederlande ihre internationalen politischen Ambitionen aufgeben mußten, blieben sie doch noch immer ein reiches Land mit gesichertem Wohlstand für einen großen Teil der Bevölkerung. Außerdem hielten sie die Tradition, Probleme im Innern in gesamtgesellschaftlichem Konsens zu lösen, aufrecht.

Die liberale Monarchie, die Kommunen und Provinzen große Autonomie gewährte, knüpfte in ihrer überkonfessionellen Politik an die religiöse Toleranz der städtischen Regenten gegenüber den einzelnen Religionsgemeinschaften an. Die so entstehenden versäulten, konfessionellen und politischen Milieus trugen wie einst die dezentrale Struktur der niederländischen Republik zur langfristigen politischen und gesellschaftlichen Stabilität bei.

Als diese in den 1970er und 80er Jahren in einer immobilen Gremien-Gesellschaft und im institutionalisierten Wohlbefinden zu versteinern drohte, wurde der gesamtgesellschaftliche Konsens zu notwendigen Reformen in den Bereichen Arbeit und Soziales und zur Wiederherstellung der internationalen Konkurrenzfähigkeit genutzt. Die Regierung Schröder, die während ihrer ersten Legislaturperiode mehrfach das niederländische „Poldermodell" bemühte, hat es dagegen in vier Jahren versäumt, eine Flexibilisierung des Arbeitsmarktes in die Wege zu leiten, so daß Deutschland auch in der zweiten Amtszeit des Kabinetts Schröder noch lange den Niederlanden in bezug auf Arbeitslosigkeit und Haushaltsdefizit hinterherhängen wird. Dabei zeigt das „Modell Niederlande", daß selbst ökonomische Erfolge und notwendige Reformen auch weiterhin der Bevölkerung vermittelt werden müssen. Hiervon kann die Bundesrepublik Deutschland noch sehr viel lernen.

Nachwort zur ersten Auflage

Das Anliegen dieses Buches war es, einer breiten Leserschaft die faszinierende Geschichte unseres westlichen Nachbarlandes in komprimierter Form näherzubringen und damit eine schmerzlich empfundene Lücke auf dem deutschen Buchmarkt zu schließen.

Daß dieses Vorhaben trotz meines Direktorats des Historischen Instituts der Ernst-Moritz-Arndt-Universität Greifswald in verhältnismäßig kurzer Zeit realisiert werden konnte, ist in erster Linie den Mitarbeitern meines Lehrstuhls zu verdanken. Dörthe Arnold und Tobias Freitag recherchierten, beschafften und kopierten Literatur. Doreen Wollbrecht erstellte mit großem Engagement die Druckvorlage und verlor auch bei zahlreichen Änderungen, Umstellungen und Kürzungen nicht den Mut. Dr. Martin Krieger las kritisch die verschiedenen Fassungen des Textes und machte zahlreiche Verbesserungsvorschläge. Außerdem fertigte er Karten, Zeittafel und Register an. Herzlich sei ebenfalls Prof. Dr. Wim Blockmans (Leiden), Dr. Marcel van der Linden (Amsterdam) und Prof. Dr. Olaf Mörke (Kiel) gedankt, die Teile des Manuskripts lasen und wertvolle Korrekturen anbrachten. Schließlich danke ich Dr. Luc Geeraedts (Münster) dafür, daß er mich unbürokratisch am Zeitungsarchiv des Zentrums für Niederlande-Studien partizipieren ließ.

Ich widme dieses Buch meinem jüngsten Sohn Christopher, in dessen erstem Lebensjahr es entstand.

Greifswald im April 1997 *Michael North*

Nachwort zur zweiten Auflage

Das große Leserinteresse an der „Geschichte der Niederlande" gibt Gelegenheit zur Aktualisierung des vorliegenden Buches. Trotz der Ereignisse des Sommers 2002, die tiefe Risse in der niederländischen Gesellschaft offenbarten, ist das Königreich der Niederlande mit den Wahlen im Januar 2003 und der Dominanz der beiden großen Volksparteien CDA und PvdA wieder zur Normalität zurückgekehrt. Dennoch strahlt das Modell „Niederlande" auch weiterhin auf Europa aus. Hierbei verdienen die kulturellen Einflüsse auch in Zukunft große Beachtung, denen gegenwärtig in einem gemeinsamen Projekt zwischen dem Greifswalder Lehrstuhl für Allgemeine Geschichte der Neuzeit und dem Amsterdam Centrum voor de Studie van de Gouden Eeuw Rechnung getragen wird.

Den Partnern in diesem Projekt, insbesondere Dr. Marten Jan Bok, der auch die Neuauflage kommentierte, sei herzlich gedankt. Die Greifswalder Mitarbeiter fanden ebenfalls noch einige Fehler. Vielen Dank für die Mithilfe!

Greifswald im Januar 2003　　　　　　　　　　　*Michael North*

Literaturverzeichnis

Aus der Fülle der verarbeiteten Literatur werden neben den Gesamtdarstellungen in den einzelnen Kapiteln nur die zitierte Literatur sowie Standardwerke mit weiterführendem Literaturverzeichnis genannt.

Gesamtdarstellungen

Die gründlichste Darstellung in niederländischer Sprache ist noch immer die *Algemene Geschiedenis der Nederlanden, 15 Bde.*, Haarlem 1977–83; die beste Kurzfassung J. C. H. Blom, E. Lamberts (Hgg.), *Geschiedenis van de Nederlanden*, Amsterdam 1994. In deutscher Sprache sind die beiden Gesamtdarstellungen von H. Lademacher, *Geschichte der Niederlande*, Darmstadt 1983, sowie, als erweiterte Fassung, *Die Niederlande*, Frankfurt-Berlin 1993 zu empfehlen. Prägnant ist außerdem die von einer privaten belgischen Stiftung 1987 publizierte Veröffentlichung von J. A. Kossmann-Putto, E. H. Kossmann, *Die Niederlande*. In englischer Sprache liegen darüber hinaus Darstellungen über wichtige Teilabschnitte vor: J. J. Israel, *The Dutch Republic: Its Rise, Greatness, and Fall, 1477–1806*, Oxford 1995 sowie E. H. Kossmann, *The Low Countries, 1780–1940*, Oxford 1978, (niederländische Fassung: *De Lage Landen 1780–1980*, 2 Bde., Amsterdam-Brüssel 1986).

Noch immer wesentlich sind die Beiträge niederländischer Historiker in dem von T. Schieder herausgegebenen *Handbuch der Europäischen Geschichte*: J. J. Woltjer, *Der Niederländische Bürgerkrieg und die Gründung der Republik der Vereinigten Niederlande (1555–1648)*, III, Stuttgart 1971, S. 663–88; I. Schöffer, *Die Republik der Vereinigten Niederlande von 1648 bis 1795*, IV, Stuttgart 1968, S. 634–58.

Den besten Überblick über die Wirtschaftsgeschichte bieten J. H. van Stuijvenberg (Hg.), *De economische geschiedenis van Nederland*, Groningen 1977 sowie J. de Vries, A. van der Wunde, *The First Modern Economy. Success, Failure, and Perseverance of the Dutch Economy, 1500–1815*, Cambridge 1997 bzw. für das 20. Jahrhundert R. T. Griffiths, J. L. van Zanden, *Economische geschiedenis van Nederland in de 20e eeuw*, Utrecht 1989.

Für die Kultur der Niederlande stellt F. Petri, *Die Kultur der Niederlande, Handbuch für Kulturgeschichte*, Konstanz 1964 eine noch immer wichtige Synthese dar.

II. Die Burgundischen Niederlande

Neben dem bereits klassischen Werk von J. Huizinga, *Herbst des Mittelalters*, Stuttgart 1975[11] ist W. Blockmans, W. Prevenier, *The Burgundian Netherlands*, Cambridge 1986 das Standardwerk für diese Epoche. Den neuesten Forschungsstand bieten *Dies., De Bourgondiërs, Amsterdam 1997*. Folgende wichtige Aufsätze wurden noch benutzt: W. Blockmans, *Alternatives to Monarchical Centralisation: The Great Tradition of Revolt in Flanders and Brabant*, in: H. G. Koenigsberger (Hg.), *Republiken und Republikanismus im Europa der Frühen Neuzeit, München 1988*, S. 145–54; Ders., *Der holländische Durchbruch in der Ostsee*, in: S. Jenks, M. North (Hgg.), *Der Hansische Sonderweg? Köln-Wien 1993*, S. 49–58; Ders., *The Burgundian Court and the Urban Milieu as Patrons in 15th-Century Bruges*, in: M. North (Hg.), *Economic History and the Arts, Köln-Wien-Weimar 1996*, S. 15–26.

III. Der Aufstand der Niederlande

Standardwerk für die wirtschaftliche Entwicklung der Niederlande ist H. Van der Wee, *The Growth of the Antwerp Market and the European Economy (14th-16th Centuries)*, 3 Bde, The Hague 1963. Nicht minder wichtig sind seine gesammelten Aufsätze: H. van der Wee, *The Low Countries in the Early Modern World, Aldershot 1993*.

Die religiösen und politischen Voraussetzungen des niederländischen Aufstandes schildern A. Duke, *Reformation and Revolt in the Low Countries, London 1990*; J. D. Tracy, *Erasmus of the Low Countries, Berkeley 1996*; Ders., *Holland under Habsburg Rule, 1506–1566, Berkeley 1990*; H. Schilling, *Niederländische Exulanten im 16. Jahrhundert, Gütersloh 1972*. Die gründlichste Darstellung des Aufstandes bietet G. Parker, *Der Aufstand der Niederlande, München 1979*. Interessante Interpretationen finden sich bei J. J. Woltjer, *Kleine oorzaken, grote gevolgen, Leiden 1975* und H. Schilling, *Bürgerliche Revolution oder Elitenkonflikt*, in: H.-U. Wehler (Hg.), *200 Jahre amerikanische Revolution und Revolutionsforschung, Göttingen 1976*, S. 177–231.

IV. Das Goldene Zeitalter der Niederlande

Das Goldene Zeitalter ist das am besten erforschte Jahrhundert der gesamten niederländischen Geschichte. Den neuesten Forschungsstand spiegelt der Sammelband von K. Davids, J. Lucassen (Hgg.), *A Miracle Mirrored: The Dutch Republic in European Perspective, Cambridge 1995* wider. Einen Überblick über Wirtschaft, Gesellschaft, Kunst bietet M. North, *Das Goldene Zeitalter. Kunst und Kommerz in der niederländischen Malerei des 17. Jahrhunderts, Köln-Weimar-Wien 2001*.

Die politische Entwicklung, insbesondere die Statthalter- und Oranierproblematik, schildert O. Mörke, *'Stadtholder' oder 'Staetholder'? Die Funktion des Hauses Oranien und seines Hofes in der politischen Kultur der Republik der Vereinigten Niederlande im 17. Jahrhundert, Münster 1997*.

Für den Bereich Wirtschaft zitiere ich W. Temple, *Observations upon the United Provinces of the Netherlands*, hg. von George Clark, Oxford

1972; J. de Vries, *The Dutch Rural Economy in the Golden Age, 1500–1700*, New Haven-London 1974; C. Wilson, *Profit and Power: A Study of England and the Dutch Wars*, London 1957. Die Bevölkerungszahlen sind von J. Riley, *The Dutch Economy After 1650: Decline or Growth?* in: *The Journal of European Economic History* 13 (1984), S. 521–69 zusammengestellt. Den besten Überblick über den Handel gibt J. J. Israel, *Dutch Primacy in World Trade, 1585–1740*, Oxford 1989.

Zur Sozialgeschichte und zum Thema Religion siehe G. Groenhuis, *De Predikanten. De sociale positie van de gereformeerde predikanten in de Republiek der Verenigde Nederlanden voor ± 1700*, Groningen 1977; H. Schilling, *Vergleichende Betrachtungen zur Geschichte der bürgerlichen Eliten in Nordwestdeutschland und in den Niederlanden*, in: Ders., H. Diederiks (Hgg.), *Bürgerliche Eliten in den Niederlanden und in Nordwestdeutschland*, Köln-Wien 1985, S. 1–32; Ders., *Religion und Gesellschaft in der calvinistischen Republik der Vereinigten Niederlande*, in: F. Petri (Hg.), *Kirche und gesellschaftlicher Wandel in deutschen und niederländischen Städten der werdenden Neuzeit*, Köln-Wien 1980, S. 197–250.

Für den Bereich der Malerei sind folgende Standardwerke zu nennen: B. Haak, *Das Goldene Zeitalter der holländischen Malerei*, Köln 1984; M. Montias, *Artists and Artisans in Delft*, Princeton 1982; M. J. Bok, *Vraag en aanbod op de Nederlandse Kunstmarkt, 1580–1700*, Utrecht 1994. Zur Rezeption der Niederländer im 18. Jahrhundert siehe M. North (Hg.), *Kunstsammeln und Geschmack im 18. Jahrhundert*, Berlin 2002. Das Zitat entstammt G. Brom, *Schilderkunst en littertuur in de 16e en 17e eeuw*, Utrecht 1957. Ein Panorama der Kulturgeschichte bietet S. Schama, *Überfluß und Schöner Schein*, München 1988.

V. Der Niedergang der niederländischen Republik im 18. Jahrhundert

Zu den politischen Unruhen und zur Bewegung der Patrioten siehe S. Schama, *Patriots and Liberators. Revolution in the Netherlands 1780–1830*, New York 1977 sowie als Regionalstudie W. te Brake, *Regents and Rebels: The Revolutionary World of an Eighteenth-Century Dutch City*, Oxford 1989.

Die Diskussion über die Entwicklung der niederländischen Wirtschaft wird in folgenden Monographien und Aufsätzen geführt: Joh. de Vries, *De economische achteruitgang der Republiek in de achttiende eeuw*, Leiden 1968; J. de Vries, *Barges and Capitalism. Passenger Transportation in the Dutch Economy 1632–1839*, Utrecht 1981; Ders., *The Decline and Rise of the Dutch Economy, 1675–1900*, in: G. Saxonhouse, G. Wright (Hgg.), *Technique, Spirit, and Form in the Making of the Modern Economics: Essays in the Honour of William N. Parker*, Greenwich 1984, S. 149–89; J. C. Riley, *The Dutch Economy after 1650: Decline or Growth?*, in: *The Journal of European Economic History*, 13 (1984), S. 521–69; Ders., *International Government Finance and the Amsterdam*

Capital Market, 1740–1815, Cambridge 1980; J. L. van Zanden, *De economie van Holland in de periode 1650–1805, groei of achteruitgang? Een overzicht van bronnen, problemen en resultaten,* in: *Bijdragen en mededelingen betreffende de geschiedenis der Nederlanden* 102 (1987), S. 562–609; H. Schilling, *Die Geschichte der nördlichen Niederlande und die Modernisierungstheorie,* in: *Geschichte und Gesellschaft* 8 (1982), S. 475–517.

VI. Das Königreich der Niederlande

Die politische Geschichte der Niederlande im 19. Jahrhundert behandeln: H. Knippenberg, B. de Pater, *De eenwording van Nederland: Schaalvergroting en integratie sinds 1800,* Nijmegen 1988; J. C. Boogman, *Rondom 1848. De politieke ontwikkeling van Nederland 1840–1940,* Bussum 1978. Zur Versäulung siehe A. Lijphart, *Verzuiling, pacificatie en kentering in de Nederlandse politiek,* Haarlem 1990[8]; S. Stuurman, *Verzuiling, kapitalisme en patriarchaat: Aspecten van de ontwikkeling van de moderne staat in Nederland,* Nijmegen 1983.

Grundlegend für die niederländische Industrialisierung sind J. A. de Jonge, *De industrialisatie in Nederland tussen 1850 en 1914,* Amsterdam 1968; R. T. Griffiths, *Industrial Retardation in the Netherlands,* Den Haag 1979; J. Mokyr, *Industrialisation in the Low Countries 1795–1850,* New Haven-London 1976. Aufschluß über die weltwirtschaftliche Integration geben E. Horlings, R. van der Bie, *Dutch Economic Development and International Trade: A Small and Open Economy in an ever Changing World, 1850–1913,* in: M. North (Hg.), *Nordwesteuropa in der Weltwirtschaft 1750–1950,* Stuttgart 1993, S. 129–61.

Über die Kolonialgeschichte informiert das thematische Heft 1995, 1, des *Jahrbuchs für Wirtschaftsgeschichte – Die Niederlande und Ostasien.* Das Standardwerk über das „Cultuurstelsel" ist C. Fasseur, *Kultuurstelsel en kolonial baten,* Leiden 1975. Für das Zitat aus Max Havelaer wurde folgende Ausgabe verwendet: Multatuli, *Max Havelaer oder die Kaffeeversteigerungen der niederländischen Handelsgesellschaft,* Köln 1993[2]. Den besten Überblick über die historische Imperialismus-Diskussion gibt W. J. Mommsen, *Imperialismustheorie,* Göttingen 1987[3]. Die niederländische Debatte wird u. a. von T. v. Tijn, *Een nabeschouwing,* in: *Bijdragen en mededelingen betreffende de geschiedenis der Nederlanden* 86 (1971), S. 79–90 und M. Kuitenbrouwer, *The Netherlands and the Rise of Modern Imperialism: Colonies and Foreign Policy, 1870–1902,* New York-Oxford 1991 geführt.

VII. Die Niederlande in Europa

Die politische Geschichte des 20. Jahrhunderts stellt sehr gut dar: J. J. Woltjer, *Recent verleden: De geschiedenis van Nederland in de twintigste eeuw,* Amsterdam 1992.

Die Handlungsspielräume in der Weltwirtschaftskrise werden in folgenden Beiträgen debattiert: *F. A. G. Keesing, De conjuncturele ontwikkeling van Nederland en de evolutie van de economische overheidspolitiek*, Utrecht-Antwerpen 1947; *P. W. Klein, Depressie en beleid tijdens de jaren dertig*, in: *P. A. M. Geurts, F. A. M. Messing (Hgg.), Economische ontwikkeling en sociale emancipatie*, Den Haag 1977, S. 144–86; *Joh. de Vries, De Nederlandse economie tijdens de 20e eeuw*, Bussum 1977; *J. L. van Zanden, De dans om de gouden standaard*, Amsterdam 1988. Über die niederländischen multinationalen Unternehmen informieren *B. P. A. Gales, K. E. Sluyterman, Outward Bound: The Rise of Dutch Multinationals*, in: *G. Jones, H. G. Schröter (Hgg.), The Rise of Multinationals in Continental Europe*, Aldershot 1993, S. 65–98.

Die zentralen Werke für Krieg und Besatzung sind *L. de Jong, Het Koninkrijk der Nederlanden in de Tweede Wereldoorlog*, 14 Bde., Den Haag 1969–91; *K. Kwiet, Reichskommissariat Niederlande*, Stuttgart 1968; *G. Hirschfeld, Fremdherrschaft und Kollaboration: Die Niederlande unter deutscher Besatzung 1940–45*, Stuttgart 1984; *J. C. H. Blom, Crisis, bezetting en herstel: Tien studies over Nederland 1930–50*, Den Haag 1989. Den neuesten Forschungsstand dokumentiert *B. de Graaf, Widerstand und Kollaboration in den Niederlanden 1940–45*, in: *Jahrbuch des Zentrums für Niederlande-Studien 2 (1991)*, S. 71–91. Über die Niederlande als Exilland für Deutsche informiert *K. Dittrich, H. Würzner (Hgg.), Nederland en het Duitse Exil 1933–40*, Amsterdam 1982. Der Roman von *T. de Loo, De tweeling* erschien 1993 in Amsterdam. Deutsche Ausgabe: *T. de Loo, Die Zwillinge*, München 1995.

Eine gute Übersicht über den Dekolonialisationsprozeß geben *J. A. A. van Doorn, W. J. Hendrix, Ontsporing van geweld. Het Nederlands/Indisch/Indonesisch conflict*, Dieren 1983[2], sowie *C. Fasseur, Nederland en het Indonesische nationalisme. De balans nog een opgemaakt*, in: *Bijdragen en mededelingen betreffende de geschiedenis der Nederlanden 99 (1984)*, S. 21–45.

Zum politischen und ökonomischen Wiederaufbau nach dem Krieg siehe *H. W. von der Dunk (et al.), Wederopbouw, welvaart en onrust*, Houten 1986; *P. van der Eng, De Marshall-Hulp*, Houten 1987; *R. T. Griffiths, Het Nederlandse economische wonder*, in: *Bijdragen en medelingen betreffende de geschiedenis der Nederlanden 101 (1986)*, S. 95–109.

Grundlegend für den niederländischen Versorgungsstaat ist *K. Schuyt, R. van de Veen (Hgg.), De verdeelde samenleving: Een inleiding in de ontwikkeling van de Nederlandse verzorgingsstaat*, Leiden 1990[2]. Dieselbe Problematik behandeln auch *J. A. A. v. Doorn, C. J. M. Schuyt (Hgg.), De stagnerende verzorgingstaat*, Amsterdam 1978 sowie auf Deutsch *E. Zahn, Das unbekannte Holland*, Berlin 1984. Zum Poldermodell siehe *J. Visser, A. Hemerijck, Ein holländisches Wunder? Reform des Sozialstaates und Beschäftigungswachstum in den Niederlanden*, Frankfurt/New York 1998.

Zeittafel

1363–1404	Philipp der Kühne, Herzog von Burgund
1369	Herzog Philipp der Kühne heiratet Margarete von Male
1379–1385	Aufstand in Gent gegen die Landesherrschaft
1405–1419	Johann ohne Furcht, Herzog von Burgund
1419–1467	Philipp der Gute, Herzog von Burgund
1467–1477	Karl der Kühne, Herzog von Burgund
1477–1482	Maria von Burgund, Herzogin
1482–1506	Philipp der Schöne, Fürst der Niederlande
1506–1555	Karl V., Fürst der Niederlande, Spanischer König, Deutscher König, Kaiser
1524–1543	Friesland, Utrecht, Overijssel, Groningen, Drenthe sowie Geldern werden in das niederländische Territorium Karls V. eingegliedert
1539/40	Großer Genter Aufstand gegen die Steuerpolitik Karls V.
1559–1584	Wilhelm I. von Oranien, Statthalter
1566	Bildersturm
1576	Genter Pazifikation
1577	„Ewiges Edikt"
1579	Gründung der Union von Utrecht
1581	Unabhängigkeitserklärung der nördlichen Niederlande
1585	Eroberung Antwerpens durch Alessandro Farnese
1585–1625	Moritz von Oranien, Statthalter
1602	Gründung der *Verenigde Oost-Indische Compagnie* (VOC)
1609–1621	Zwölfjähriger Waffenstillstand zwischen den Niederlanden und Spanien
1619	Gründung von Batavia durch Jan Pietersoon Coen
1621	Gründung der *West-Indische Compagnie* (WIC)
1625–1647	Friedrich Heinrich von Oranien, Statthalter
1647–1650	Wilhelm II., Statthalter
1648	Internationale Anerkennung der Republik der Vereinigten Niederlande im Westfälischen Frieden
1652	Gründung eines niederländischen Stützpunktes am Kap der Guten Hoffnung durch Jan van Riebeeck
1652–1654	Erster Englisch-Niederländischer Krieg
1665–1667	Zweiter Englisch-Niederländischer Krieg
1672–1674	Dritter Englisch-Niederländischer Krieg, in den auch Frankreich eingreift
1672–1702	Wilhelm III., Statthalter
1678	Frieden von Nimwegen
1697	Frieden von Rijswijk
1701–1713	Spanischer Erbfolgekrieg

1713	Frieden von Utrecht, Bildung der Österreichischen Niederlande
1717	Allianz zwischen den Niederlanden, England und Frankreich
1740–1748	Österreichischer Erbfolgekrieg, Besetzung der Österreichischen Niederlande durch Frankreich
1748–1751	Wilhelm IV., Erbstatthalter
1751–1795	Wilhelm V., Erbstatthalter
1780–1784	Vierter Englisch-Niederländischer Krieg
1780–1787	Patriotenbewegung
1795	Gründung der Batavischen Republik
1806	Bildung des Königreiches Holland unter Louis Bonaparte
1810	Die Niederlande werden Teil des französischen Kaiserreiches
1815	Bildung eines Königreiches der Niederlande
1815–1840	Wilhelm I., König der Niederlande
1830	Revolution in den südlichen Niederlanden
1830	Einführung des *Cultuurstelsel* in Niederländisch-Indien
1840–1849	Wilhelm II., König der Niederlande
1848	Stärkung des niederländischen Parlaments durch eine Verfassungsänderung
1849–1890	Wilhelm III., König der Niederlande
1857	Schulgrundgesetz
1890–1948	Wilhelmina, Königin der Niederlande
1914–1918	Neutralität der Niederlande in der Zeit des Ersten Weltkrieges
1917–1919	Einführung des allgemeinen Wahlrechts
1936	Höhepunkt der Wirtschaftskrise in den Niederlanden
1940	Besetzung der Niederlande durch deutsche Truppen
1942	Eroberung Niederländisch-Indiens durch die Japaner
1944–1945	Befreiung der Niederlande durch alliierte Truppen
1948–1980	Juliana, Königin der Niederlande
1948	Gründung der Benelux-Zollunion
1949	Unabhängigkeit Indonesiens
1949	Beitritt als Gründungsmitglied zum Nordatlantik-Pakt
1957	Gründungsmitgliedschaft der EWG
1975	Unabhängigkeit Surinams
seit 1980	Beatrix, Königin der Niederlande
1982	Vereinbarung von Wassenaar, Gewerkschaften und Arbeitnehmer beschließen ein Bündnis für Arbeit
1992	Vertrag von Maastricht
1994–2002	Ministerpräsident Wim Kok

Register

Adel 15, 29–31, 34, 36, 53–55, 57, 82
Afrikahandel 49–50
Agt, Dries van 114
Alba, Herzog Fernando Alvarez 31
Amerikanischer Unabhängigkeitskrieg 67, 70
Arbeitsmarkt 77–78, 98–99, 110, 115
Arminius, Jacobus 58
Asienhandel 13–14, 49–52, 75
Aufstand, s.: Revolte
Augsburger Religionsfrieden 35

Baerze, Jacob de 17
Baljuw 12
Batavische Republik 67, 71, 80
Bayle, Pierre 65
Beatrix, Königin der Niederlande 69
Beel, Louis Joseph Maria 108
Benelux-Wirtschaftsunion 109
Benelux-Zollunion 109
Bevölkerungsentwicklung 11–12, 23–25, 43–45, 77–78, 110
Bierbrauerei 14, 23, 73
Bildersturm 31, 35
Bildhauerei 16–17
Bildschnitzerei 16–17
Börse 23
Bosch, Johannes van den 89
Bouts, Dirk 16
Brès, Guy de 28
Brüning, Heinrich 98–99
Buchmalerei 17
Burgerlijk Wetboek 81

Calvinismus 28–33, 56, 58–59, 61–62, 84–85, 87, 95–96
Campin, Robert 15
Capellen tot den Poll, Joan Derk 70

Christus, Petrus 15
Claudius Civilis 71
Coen, Jan Pieterszoon 50
Colijn, Hendrik 95, 99
Cromwell, Oliver 41
Cultuurstelsel 88–91

Dathenus, Pieter 28
David, Gerard 16
Descartes, René 65
Devotio Moderna 25
Dou, Gerrit 61
Douwes Dekker, Eduard (Multatuli) 90
Drees, Willem 108
Dufay, Guillaume 17

Egmond, Lamoraal Graf 31
Einkommen 23, 54–55, 63, 72, 76–79, 113, 116
Eisenbahn 88–89, 91, 103
Elfenbein 14
Erasmus von Rotterdam 25
Etten, Jan van 26
Eugen von Savoyen, Prinz 67
Europäische Gemeinschaft (EG) 109
Europäische Wirtschaftsgemeinschaft (EWG) 109
Europarat 109
Eyck, Hubert van 15
Eyck, Jan van 15

Farnese, Alessandro 33
Fayence 47
Ferdinand von Aragon 19
Ferdinand I. von Habsburg 20
Finanzrat 34
Fischfang 14, 23, 45–46, 71, 73
Fluyt/Fleute 47
Fortuyn, Pim 116–117

Frank, Anne 104
Französische Revolution 67, 71, 75, 81
Friedrich III. von Habsburg 21
Friedrich Heinrich von Oranien 39

Gaulles, Charles de 109
Geer, Dirk Jan de 95–96
Geheimer Rat 34
Generalstände 11, 21, 37, 40, 55, 82
Genter Pazifikation 32, 36
Getreide 14, 23, 44–45, 48–49, 74
Geusen 31
Gewerkschaften 96, 111
Gewürzhandel 14, 22, 49, 52, 77
Glorious Revolution 43
Gold 14, 50, 99–100
Gomarus, Franciscus 58
Goyen, Jan van 60
Granvelle, Antoine Perrenot 30
Groen van Prinsterer, Guillaume 84–85
Großes Privileg 21
Grotius, Hugo 58, 65

Handel; s.: Afrikahandel, Asienhandel, Ostseehandel
Hatta, Mohammed 107
Heinsius, Antonie 66
Himmler, Heinrich 102
Hitler, Adolf 99, 101
Hoëvell, W. R., Baron van 90
Hoffmann, Melchior 27
Hofrat 9
Hogendorp, Gijsbert Karel van 82
Hollandgängerei 78
Holz 23, 41, 48–49
Hoofdelingen 54
Hooft, Pieter Corneliszoon 65
Horne, Philip de Montmorency, Graf 31
Humanismus 22, 25
Huygens, Christiaan 65
Huygens, Constantijn 65

Indigo 47
Inquisition 30
Isabella von Kastilien 19
Isabella von Portugal 20

Jakob II. von England 43
Johann Wilhelm Friso von Oranien 69
Johanna (die Wahnsinnige) von Kastilien 19–20
Juan (Infant) 19
Juan d' Austria, Don 32
Juden 59, 101–104
Juliana, Königin der Niederlande 69

Karl I. von England 41
Karl II. von England 41–42
Karl II. von Spanien 66
Karl V. von Habsburg 20–21, 29–30, 34
Karl der Kühne 18–20
Katholiken 28–34, 59, 85, 87, 95–96, 108, 113
Keramik 47
King, Gregory 72
Knibbergen, François 60
Kok, Wim 115
Kollaboration 104–105
Kontinentalsperre 81
Kontraremonstranten 58
Koschinelle 47
Kreditwesen 23, 52
Kupfer 14
Kuyper, Abraham 85

Landgewinnung 23
Landwirtschaft 14, 23, 44–45, 54, 71–73, 77, 79, 87, 89, 97–99, 110–111
Lasco, Johannes à 28
Leder 13
Leiden, Jan van 27
Literatur 64–65
Locke, John 65

Loo, Tessa de 105
Louis Bonaparte 80
Lubbers, Ruud 114
Ludwig XIV. von Frankreich 42, 66, 109
Ludwig von Male 9, 17
Luftfahrt 111
Lukasgilden 63
Luns, Joseph 109
Luther, Martin 26

Maastrichter Vertrag 110
Malerei 15–17, 37, 59–65
Mander, Karel van 63
Margarete von Male 9, 17
Margarete von Österreich 19–20
Margarete von Parma 20, 30–31, 33
Margarete von York 19
Maria Stuart 42
Maria von Burgund 19–21
Maria von Ungarn 20
Marlborough, John Churchill, Herzog von 67
Marshallplan 110
Matthijsz, Jan 27
Maximilian I. von Habsburg 18–21
Memling, Hans 16
Mennoniten 27, 58–59
Merchant Adventurers 13
Merkantilismus 53, 76
Metallindustrie 23, 83
Metsys, Quentin 16
Mieris, Frans van 61
Moded, Herman 28
Molijn, Pieter de 60
Montanunion 109
Moritz von Oranien 39, 58
Musik 16–18, 25
Mussert, Anton 96, 102

Napoleon Bonaparte 80
Nationalsozialismus 96, 99, 101–106

Navigationsakte 40–42
Nederlandsche Handels-maatschappij 89
Nieuwe draperies 14, 46
Nordatlantik-Pakt (NATO) 109

Ockeghem, Johannes 18
Österreichischer Erbfolgekrieg 67–68, 75
Oldenbarnevelt, Johan van 39–40, 58
Orden vom Goldenen Vlies 11, 17
Ostseehandel 25, 44–45, 48–49, 74

Parteien 85–86, 95–96, 99, 102, 106, 108, 113–114
Patinir, Joachim 16
Patriotenbewegung 70–71
Pelze 13
Philipp II. von Spanien 20, 29, 31, 35
Philipp der Gute 9, 11, 17–18
Philipp der Kühne 9, 17
Philipp der Schöne 19–21
Porcellis, Jan 60

Ratspensionär 39–40, 55, 66, 82
Reformation 22, 26–27, 58–59
Regenten 55–59, 68
Regeringscollegies 55
Remonstranten 58–59
Requesens, Don Luís 32
Revolte 12–13, 21, 28, 35, 57–58, 68, 70–71, 83
Royal African Company 41
Ruys de Beerenbrouck, Charles Joseph Maria 95, 98–99
Ruysdael, Salomon 60
Ruyter, Michiel de 42

Schaepman, Herman 85
Schermerhorn, Willem 108
Schiffbau 23, 47–48, 74, 110

Schiffahrt 14–15, 23, 47–48, 71, 81, 88–89, 91, 97–98, 110, 117
Schiller, Friedrich 29
Schulwesen 81, 83–87, 92
Seyss-Inquart, Arthur 102
Siebenjähriger Krieg 67
Silber 14, 32, 50, 52
Simons, Menno 27
Sklavenhandel 42
Slingelandt, Simon van 67
Sluter, Klaas 17
Sozialökonomischer Rat 112, 114
Spanischer Erbfolgekrieg 66
Spinoza, Baruch 65
Stapelakte 41
Staatsrat 34, 39
Statthalter 32, 34, 39–40, 42–43, 58, 67–70, 82
Sukarno, Achmed 107

Täufertum 27
Tapisserien/Teppichweberei 16–17, 23
Temple, William 44
Textilien 13–14, 22–23, 46, 49, 73, 76–79, 83
Thorbecke, Johan Rudolf 83–84
Tinbergen, Jan 111
Trip, Elias 56
Trip, Jacob 56
Troelstra, Pieter Jelles 95
Tromp, Maarten Harpertszoon 41
Türkenkriege 35

Union von Utrecht 32
Urbanisierung 23, 44, 53, 77, 79
Uyl, Joop den 113

Velde, Esaias van de 60
Verenigde Oost-Indische Compagnie (VOC) 50–52, 75, 89
Vermeer, Johannes 61
Versäulung 86–87, 108–109, 113
Vertrag von Tordesillas 49
Voet, Hendrik 26
Vondel, Joost van den 65
Vorbijlandvaert 74

Walfang 46
Washington, George 73
Werve, Klaas van der 17
Westfälischer Frieden 33, 37, 39
West-Indische Compagnie (WIC) 49–50
Weyden, Rogier van der 15
Wilhelm (I.) von Oranien 31, 35–36
Wilhelm II. von Oranien 39–40
Wilhelm III. von Oranien 42–43, 59, 66–67, 109
Wilhelm IV. von Oranien 68–69
Wilhelm V. von Oranien 69–70
Wilhelm I., König der Niederlande 69, 80, 82
Wilhelm II., König der Niederlande 69, 83
Wilhelm III., König der Niederlande 69, 84
Wilhelmina, Königin der Niederlande 69, 92, 101
Wisselbank 52
Witt, Johan de 42

Zucker 50, 87, 89
Zwölfjähriger Waffenstillstand 39, 49

Aus dem Verlagsprogramm

Ländergeschichte bei C. H. Beck Wissen

Franz Ansprenger
Geschichte Afrikas

2. Auflage 2002. 128 Seiten. Paperback
(Beck'sche Reihe Band 2189)

Robert Bohn
Dänische Geschichte

2001. 128 Seiten mit einer Karte. Paperback
(Beck'sche Reihe Band 2162)

Hans-Christoph Schröder
Englische Geschichte

4., aktualisierte Auflage. 2003. 135 Seiten. Paperback
(Beck'sche Reihe Band 2016)

Peter C. Hartmann
Geschichte Frankreichs

2. Auflage. 2001. 128 Seiten mit 2 Karten. Paperback
(Beck'sche Reihe Band 2124)

Dietmar Rothermund
Geschichte Indiens

Vom Mittelalter bis zur Gegenwart
2002. 128 Seiten mit 2 Karten. Paperback
(Beck'sche Reihe Band 2194)

Volker Reinhardt
Geschichte Italiens

2. Auflage. 2002. 128 Seiten mit 3 Karten. Paperback
(Beck'sche Reihe Band 2118)

Manfred Pohl
Geschichte Japans

2002. 101 Seiten mit einer Karte. Paperback
(Beck'sche Reihe Band 2190)

Ländergeschichte bei C. H. Beck Wissen

Udo Sautter
Geschichte Kanadas

2000. 128 Seiten mit 2 Karten. Paperback
(Beck'sche Reihe Band 2137)

Walther L. Bernecker
Horst Pietschmann
Geschichte Portugals

Vom Spätmittelalter bis zur Gegenwart
2001. 136 Seiten mit 1 Abbildung
und 1 Karte. Paperback
(Beck'sche Reihe Band 2156)

Andreas Kappeler
Russische Geschichte

3. Auflage. 2002. 112 Seiten mit 4 Karten. Paperback
(Beck'sche Reihe Band 2076)

Walther L. Bernecker
Spanische Geschichte

Vom 15. Jahrhundert bis zur Gegenwart
3. Auflage. 2003.
135 Seiten mit 2 Karten. Paperback
(Beck'sche Reihe Band 2111)

Udo Steinbach
Geschichte der Türkei

2., durchgesehene Auflage. 2001.
127 Seiten mit 2 Karten. Paperback
(Beck'sche Reihe Band 2143)

Horst Dippel
Geschichte der USA

5., aktualisierte Auflage. 2002.
144 Seiten. Paperback
(Beck'sche Reihe Band 2051)

C.H.BECK ■ WISSEN
in der Beck'schen Reihe

Zuletzt erschienen:

- 2115: Recker, **Geschichte der Bundesrepublik Deutschland**
- 2157: Belardi, **Supervision**
- 2159: Herz, **Die Europäische Union**
- 2164: Schreiber, **Der Zweite Weltkrieg**
- 2180: Rosen, **Die Völkerwanderung**
- 2181: Störmer, **Die Baiuwaren**
- 2184: Brenner, **Geschichte des Zionismus**
- 2185: Welwei, **Die griechische Frühzeit**
- 2186: Ingold, **Quantentheorie**
- 2187: Bergmann, **Geschichte des Antisemitismus**
- 2188: Schwentker, **Die Samurai**
- 2189: Ansprenger, **Geschichte Afrikas**
- 2190: Pohl, **Geschichte Japans**
- 2191: Reinhardt, **Geschichte der Renaissance in Italien**
- 2192: Theißen, **Das Neue Testament**
- 2193: Sautter, **Die 101 wichtigsten Personen der Weltgeschichte**
- 2194: Rothermund, **Geschichte Indiens**
- 2195: Hornung, **Das Tal der Könige**
- 2196: Schwaiger/Heim, **Orden und Klöster**
- 2197: Berger, **Paulus**
- 2198: Haarmann, **Geschichte der Schrift**
- 2199: Wuketits, **Was ist Soziobiologie?**
- 2207: Budde, **Schuberts Liederzyklen**
- 2300: Dittmann, **Der Spracherwerb des Kindes**
- 2301: Fuchs, **Die Parkinsonsche Krankheit**
- 2302: Patzek, **Homer und seine Zeit**
- 2303: Lang, **Himmel und Hölle**
- 2304: Witzel, **Das Alte Indien**
- 2305: Schlögl, **Das Alte Ägypten**
- 2306: van Ess, **Konfuzianismus**
- 2308: Pabst, **Die Athenische Demokratie**
- 2309: Heinen, **Geschichte des Hellenismus**
- 2310: Schneede, **Vincent van Gogh**
- 2311: Vorländer, **Demokratie**
- 2312: Berghahn, **Der Erste Weltkrieg**
- 2313: Schreiner, **Maria**
- 2314: Stöver, **Der Kalte Krieg**